大展好書 好書大展

大展好書 好書大展

率領「美國佛教宏法中心」居士們拜訪洛杉磯的西來寺

1994年4月作者在台北宏法

心靈雅集
59

印度佛教思想史

三枝充悳／著
劉 欣 如／譯

大展出版社有限公司
DAH-JAAN PUBLISHING CO., LTD.

前言

我在研究哲學和思想問題的時候，一直想撰寫通史，就是哲學史或思想史，但是，這也是很大的冒險。已故的宇井伯壽教授也幾次告訴我：「佛教思想的研究，就是佛教思想史的研究。」黑格爾也這樣說：「只有哲學史的研究，才是真正的哲學研究。」

我的關愛在思想，而不是在歷史。希望大家注意——本書不是『印度佛教史』，而是『印度佛教思想史』。自從去年夏天開始，為了撰寫這本書，我便閱覽群書了。好不容易從今年初起才想在稿紙上擬成綱要，誰知我對中期大乘佛教以後的寫法頗感為難，到底該怎麼寫下去呢？

尤其關於唯識思想的問題，我一面選讀宇井伯壽、山口益、結城令聞、上田義文、長尾雅人等幾位老師的著作，也一面飽覽其他論文，但始終很難下筆，甚至幾次寫到中途停下來。最後，我採用渡邊照宏博士『唯識二十論』、『唯識三十頌』等流暢譯作所提到的方法。

我先寫些如來藏思想、佛教論理學以及密教，直到一百多張稿紙寫完，稍微放心之後，才敢從頭寫起。

因為本書是一種入門書，所以，語句儘量淺顯，避免用佛教的專用詞和敘述法，等到非用不可時，才下決心改用別的說法。將現代語譯放進專有名詞裏來補充，也不用多餘的註解。這種寫法反而比寫學術論文更難。我完全無意降低學術水準，而改用深入淺出的寫法。

印度佛教是佛教的源流，它的思想一面形成佛教思想的核心，也一面傳到中國、日本和其他地方。這些流動狀況也在書中稍微提到。雖然這是一本小冊子，除了佛教的基本思想以外，我也打算將重要的諸種思想全部網羅進來。奈因限於篇幅，也有不少地方長話短說，簡單敘述，倘若讀者能從拙作中掌握印度佛教思想的輪廓，對於其中某處得到更深入的領悟，將是筆者望外之喜。

三枝　充悳

目錄

第二章　部派佛教

第三章　大乘佛教

序　章

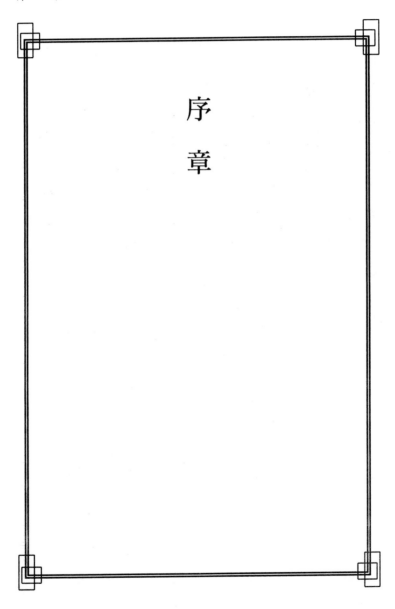

印度人—歷史—思想史

不時站在永遠的相下，輕視每樁事件的移動，用某種方式將這些歸納成歷史書，印度人一向沒有這種偏愛，甚至對佛教的態度也一樣。關於佛教教主喬達摩·佛陀的年代，大體有三種說法，最馳名的辯論師龍樹，與世親也有兩種說法。

所以，若要決定這些人的生長年代，只好依據印度以外的地區，如希臘、中國以及其他地方間接性的諸項資料，藉它們來編作順序，才能間接地將他們列為思想家、經典與論書。

許多印度史的專家對這一點頗感困擾，而且爭論不休。但對我們專門研究思想的人而言，雖說很草率，不管喬達摩·佛陀的年代如何，其實都不算頂嚴重的問題。只要能看到思想的變遷（包括發達），大體也就心滿意足了。

印度思想的特徵

若將印度思想的特徵，跟其他思想列舉出來比較的話，只是一本小冊子。這對於學習佛教思想的人來說，則是必讀的最小部份。

在所謂（歐洲哲學）哲學與宗教之間，印度思想倒不想建立明確的境界。一方面是哲學性動向站在體系建造那種論理組織上，另一方面是宗教的欲求——追求解脫與解救（合稱覺悟）的途徑。這兩種不斷在交錯，有時還為表裏。通常稱這個為印度哲學或印度宗教，殊不知關於佛教也可說同樣情形。

佛教思想史比起其他印度思想，雖說在比較，其實以宗教為重點的時代，和高度關懷哲學的時代，儘管各種運動還勉強能夠明確區分，但也依舊難免上述整個印度思想的傾向。下面的敘述，即使提到哲學體系，也必然不會跟解脫與解救（覺悟）毫無關係。

有志朝往覺悟的路上，即使非常專心，也要揭示那種所謂般若的智慧。這種智慧，即使不同於所謂分析性知識，但也無法否認它含有智性的要素。

在印度，傳統上有思想自由。思想自由是跟思考、言論、發表和信仰等自由相連繫。不管怎麼不一樣（異樣），其實也沒什麼異樣，或一點也不稀罕。這種人類的精神自由，印度人自古至今一直保持著。用其他手段威嚇或彈壓這種自由的史實，幾乎可說從來沒有過。

換句話說，好像強迫蘇格拉底喝毒藥，把耶穌基督釘死在十字架、穆罕默德被迫遷移等慘忍例子，或焚書坑儒、禁書出版、宗教審判、宗教戰爭之類的情況。在印度社會未曾有過。

政治體制方面：即使有些時代，某個王朝的國王特別熱愛某一宗教；但是，他也能照樣獎勵其他宗教，而不會抑制他們。例如下面要提到阿育王雖然是虔誠佛教徒，但他也同樣厚待婆羅門教、耆那教、阿吉維卡教等其他宗教。

印度佛教史的時代區分

印度佛教史大體有以下幾個時代區分：

(1)初期佛教（原始佛教）。

(2)部派佛教。

(3)大乘佛教。

以上第(1)「原始佛教」的名稱雖然不夠尊敬，其實，「原始」一詞倒沒有價值判斷的意味。且因當時的文獻不論如何都能留傳到今天。到了部派佛教時代，那些文獻才好不容易在各部派手上編輯和整理就緒，所以才把那時取名為「初期佛教」。那段時期大概指佛滅後一百年到二百年前後，當時聖典全靠口傳方式。大體上，巴利文所寫的五部，和漢譯四種『阿含經』都是中心資料。

⑵部派佛教雖然依據佛陀的年代，但因佛滅後一百年到二百年前後的事情，造成保守派—上座部，和進步派—大眾部的分裂，而部派佛教時代起於那時候，一般稱這種情形為根本分裂。因為我們很難想像初期佛教教團會如我們今天所認知那樣有系統的中央集權式的團體。

所以，從根本分裂以前開始，很多地方其實都存在形形式式的部派。若跟印度其他宗教比較看來，這種認知或思考無疑很符合現實。

根本分裂之後，就持續著枝末分裂。反正諸部派分出各佛教教團，都曾經整理經藏與律藏，且也撰寫論藏。因為論就是「阿毘達磨」的譯字。所以，部派佛教也叫阿毘達磨佛教。

初期佛教透過部派佛教的編輯、整理和充實，大體能連續起來。反之，大乘佛教在部派佛教看來，等於異質性的狀況出現。致使部派佛教幾乎都不把大乘佛教看在眼裏。一方面，大乘佛教雖然把部派佛教貶稱為小乘佛教，但在部派裏完全沒有小乘的自稱。反正部派佛教大體上跟大乘佛教並存，一直持續到後代。後來，甚至看到部派的一部還跟大乘佛教的一部結合的樣子。

(3)關於大乘佛教的起源，到現代也仍無定論。下面所要討論的部份，也只有提到如今多數學者認可的意見，此外別無他法。反正從紀元前後開始，就逐漸積極地出現許多大乘經典了。那個時代出現的經典，遠比起初期佛教時代，在數與量方面都要多和長。本來，經是指「佛說」的東西，初期佛教多半把「佛」放在喬達摩・佛陀身上，但大乘經典的「佛」，理論上是喬達摩・佛陀以後五百多年，甚至經過更久的年月。

儘管這樣，但是，他們借用初期佛教的體裁，採用某種形式——好像佛陀和阿難、舍利弗、須菩提及其他佛弟子經常在一起，表現也很活躍的樣子；其實，在內容方面大異其趣，因為後者呈現許多菩薩，而那些狀況都是初期佛教所沒有的，詳情留待下面來討論。

大乘佛教也能分三期：初期（龍樹等）、中期（無著、世親等）、後期（陳那、無性、護法等）。在思想上，在所謂諸種大乘經典之後，出現一群思想家紛紛強調「空」、「如來藏（佛性）」、「唯識」、「佛教論理學」等思想，而這些都會在下面討論。但在上述一群論師或思想家裏，只有世親寫出著名的『俱舍論』（『阿毘達磨俱舍論』），對部派佛教思想做出非常卓越的總論。所以，他在當時已經名聞四海了。

五世紀初有一位法顯（三三九～四二〇年）去印度留學，回國後寫一本『佛國記』；七世紀前半有一位玄奘（六〇〇～六六四）從印度留學回來寫『大唐西域記』；稍後又有一位義淨（六三五～七一三年）也寫過『南海寄歸內法傳』，他們都曾在印度研習過每個時代的部派（小乘）佛教。但他們都學得更多大乘佛教，而這些都在他們的著作裏記載得很明白。

密教在佛教的地位屈居後座，其實，它早在大乘佛教興起以前，就在佛教裏出生和成長了。它逐漸發展和彰顯卻從中期大乘佛教前後開始，在這以前的佛教稱為「顯教」。反之，此後他們自稱為「密教」（秘密佛教）。七世紀以後又冠以「金剛乘」之名。這是佛教思想變遷的一種流程，雖然，我們也要考量民眾的信仰、土著的風俗，以及佛教與印度教的接觸、影響和交流等都是很大的原因。如果這些有變化，那它跟印度教間的差異就減少，以致失去佛教的特色。

最後在一二〇三年時，那座壯觀的維庫拉瑪西拉寺終於遭到回教軍隊徹底破壞，致使佛教活動在印度消失了。

第一章　初期佛教

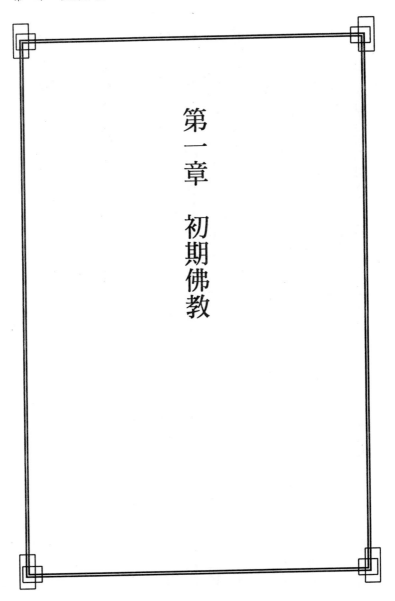

第一節　前　史

印度河文明與阿利安人的侵入

在紀元前三〇〇〇～二〇〇〇年期間，印度河流域出現一座龐大的都市文明。現在一直在挖掘中，有幾座遺跡已經凸顯出來了，例如莫亨玖達洛、蔣佚達洛、哈拉巴、孔特德吉、阿姆利和其他地方。這些都市都是按照很完整的計畫建造出來的，在鋪裝不錯的道路上，有牛隻、馬匹拖著二輪車行走。兩旁屹立煉瓦建造的兩層樓住家，並有完善的衛生設備。其間倒沒有神殿、王宮等古代文化的附屬建築。不過，卻有穀倉、大浴場和集會場等龐大輝煌的遺跡。

那裏已經成立了高度的銅器文明，不過，武器方面倒是意外的缺乏，前後挖掘不少裝飾物、手環和若干座像。而今正在研究這些跟後代印度的民間信仰有什麼關連？在此發現印度特有的瑜伽瞑想法之類的痕跡。

他們挖掘出不少印章，上面除了動物等繪圖以外，還嵌刻些文字，可惜到現在還解讀不出來。好像當時已經循著海岸線這條海路，跟美索布達米亞文明有來往了。後人認為這些文明所以會迅速與突然消滅，極可能是印度河氾濫，地下水位上升，和外敵——阿利安人的破壞等原因。

阿利安人跟今天西歐人的祖先一樣，依據現代人推測他們原來可能住在亞洲與歐洲之間的北方，屬於遊牧民族。他們離開草原，一部份向西方前進，就成了歐洲諸民族的祖先。

東進的阿利安人紛紛南下，一部份進入伊朗，而成為阿利安系伊朗人的祖先，另一部份向東南方前進，越過興都庫什山脈，進入印度西北部，就停留在印度河上游的帕賈普河（五河）那一帶了。他們被稱為印度阿利安人。

依據學者們推測他們侵入時期在紀元前十三世紀末期。因為他們已經進入鐵器文明了，所以跟當時在銅器文明的印度原住民打仗時，就輕易地打敗了對方，同時趕走他們，或捉來當奴隸。

阿利安人定居印度——

印度文明起於阿利安人侵入和定居以後。

阿利安人進入印度河上游所謂五河一帶，一方面繼續過遊牧生活，另一方面慢慢從事農耕，並開始定居在那裏了。

阿利安人可說是宗教民族，他們有一本讚誦的歌集——吠陀（Ṛg-Veda），內容都在歌頌本族人一向尊敬的諸神，共有一〇一七首讚歌和十一首補述。這些大概完成於紀元前一二〇〇～八〇〇年前後。但在紀元前一〇〇〇～八〇〇年前後才編輯成現在的形式。直到三千年後的今天，他們還沿襲背誦方式，很嚴格地傳承到現在。

其間被讚嘆的諸神，雖然是模擬自然現象而來，殊不知其中最活躍那位因陀羅，後來進入佛教裏成為帝釋天。其他諸神為數不少，為了要給予最高級的讚嘆，致使諸神的個性都不太明顯。

管理這些神事的司祭者叫婆羅門，戰士與王族叫剎帝利，一般百姓叫吠舍，至於被征服者那群奴隸叫首陀羅，印度社會逐漸興起這些階段差別了。這是馳名於世的喀斯特制度，起初流行混血現象，分成許多下屬喀斯特，到了後代才完全固定化。以致使印度社會出現閉鎖性，極度抑制了印度社會裏面的流動性。

例如佛教主張一切眾生都平等，堅決反對這套喀斯特制度；結果，喀斯特制度本身不但絲毫不動搖，反而把佛教看作很危險的思想，以致嚴重阻礙佛教的興盛。但在同一個喀斯特的成員之間，產生一種連帶意識，它能維持原本缺乏國家規制那種印度社會的秩序，互相彌補社會政策的貧困，諸如此類的狀況也屢見不鮮。

固定化的喀斯特制度，靠每個人的出生背景來決定，而今印度社會仍有不少喀斯特與職業結合的例子，規定某些職業不讓特定的喀斯特參加，且分化得非常細膩。

不消說，婆羅門最受人尊敬，誠如最初期的佛經上說——不是由出生來做婆羅門，而是由他的行為來做婆羅門——

可見佛教也顯然很尊敬婆羅門（但這句話指喀斯特制度下的婆羅門，也就是否定與生俱有的婆羅門，完全改變婆羅門的內容）。

吠陀聖典——

阿利安人在紀元前一千年左右開始東進，出入興都斯坦平原，那裏是深受賈姆那河與恒河的滋潤地區，所以，土地肥沃、陽光充足、雨量也豐富，具備農耕的最好條件。於是，阿利安人就定居在這裏，而放棄原先的遊牧生活，專心致力於農耕事業。結果呈現一種自給自足、孤立和閉鎖式的農耕社會了。他們的精神支柱是婆羅門教，而它就成了喀斯特制度的溫床，把婆羅門放在最高峰了。

吠陀聖典包括上述的 Ṛg-veda 以外，再加上 Sāman 和 YaJus 兩種吠陀，以及 Atharuan 吠陀，後者是土著的民俗信仰，總共四部吠陀聖典。

這四種吠陀是狹義的吠陀聖典，此外又有它的註釋文獻——祭儀書、森林書和奧義書，而這叫廣義的吠陀聖典，也成了婆羅門教的教科書。

在以上四種裏，最早的「奧義書」是非常重要的文獻，也是最早期的東西，早在佛教出現以前就存在的了。其間，以 BrhadāRaṇfaka 和 Chāndogya 兩種奧義書最珍貴。

這些含有「梵」（中性字）與「我」（男性字）兩項基本概念。「梵」原來是神聖而含有咒力的祈禱語言，意謂著某種神秘力。「我」是一種主體與人格性的原理。本來意謂氣息、生機、本體、靈魂、自我，後來成了一種術語——表示萬物內在的奧妙力量。

不過，「梵」與「我」都很難用其他字眼來說明。它既是一，也是全體，既非相對，亦非比較，反正用文字與思考都無法表達，倘若非表達不可的話，那也只能用否定字眼—『不、不』（neti neti）而已。

這一來，一方面可說是宇宙的根本原理，或超越性的「梵」。另一方面也可說是形成各個人主體與內在性的「我」，在逐漸說明一體化之際，自然成了梵與我的一致性。那就是「梵我一如」了。讓個人本體提升到宇宙的根本原理上面，到達那種境界的一元論，就是古奧義書哲學的巔峰。

除了「梵即是我」的發現以外，還有一種來自業的輪迴思想；而這是在古奧義書上最先解說的教義。業是 **Karman** 字的譯語，而 **Karman** 係由「製造」、「形成」等動詞而來，意指我們的行為，及這種行為所留下的一切結果。換句話說，由行為而生結果，再由這項結果而導致下次行為。

這項循環存在神、人和其他眾生之間，以各種姿態投胎轉世的思想。這跟「梵我一體」的思想脫節，也被佛教所採用，而呈現一種獨自的發展。

也許阿利安人生活在這個充滿生命力的印度，歷經幾個世代的經驗才成就的一套思想（輪迴轉世的思想也出現在古希臘的華達格拉斯、和愛配德庫雷斯的學說裏，但不是顯而有力；在歐洲隨著基督教的確立而消失）。然而，古奧義書所說的業——輪迴思想，還是很單純的內容，似乎只提到善人來自自己的善業，而壞人也由於自己所造諸惡業的緣故，而沒有其他豐富的解說。

第二節　佛教的誕生

一群自由思想家

在紀元前六世紀前後，印度以恆河流域為中心，周圍地區充滿著生機。由於氣候與風土以及其他優良條件很齊全，例如豐富的農產品、各類物資應有盡有，還有加工業也很進步，工商業欣欣向榮，人民豐衣足食，生活安定，貨幣使用帶來經濟活動的急速進展。在這種情況下，許多小型都市紛紛成立，人口聚集，又以小都市為中心而產生許多小國家。他們先後爭奪併吞，才發展成十六個大國，而這些大國及其首都也隨著出現前所未有的繁榮。

當然，這種新社會也在需求新鮮空氣。古老的吠陀宗教讓人們覺得陳舊迷信，於是，婆羅門的權威失落了。便由一群自由清新的思想家取而代之。他們被人稱為「努力的人」（沙門），深受大眾的歡迎。這些新興思想否認婆羅門教，他們有些主張唯物論，有些主張快樂主義。反之，也有人標榜苦行主義和懷疑論，種類繁多，形形色色。他們徹底擁護思想自由和發表自由，大家相互討論的現象頗受眾人的喜愛與支援。不消說，佛教也在這種狀況下誕生了。

在原始佛教的經典上，估計這些新興思想共有六十二家，同時提到他們的概略內容。還有一種耆那教也跟佛教在同一時代出現，且一直發展下去。他們說當時有三六三種見解，以下不妨介紹一下最重要的六位思想家，他們算是一大群思想家出乎其類、拔乎其粹卒者（佛教稱他們為之師外道）。

(1)富蘭那（Pūraṇa Kassapa）——出身奴隸家庭，逃離主人的途中，衣服被搶走，從此以後過著裸體生活了。依他看，凡是剝奪別人的生命、讓人悲痛、折磨別人、侵犯別人家庭、盜竊、驅逐、通姦、撒謊等行為，一點兒也不算作惡，且也沒有惡報這回事；反之，布施、克制自我、說話誠實等行為，既不會生善、也沒有善報。他是一個極端的道德否定論，或無道德論者。

(2)阿耆多（Ajita Kesakambalin）——徹底唯物論者。他認為只有地、水、火、風四種元素才是實在，而人類也是由這些元素組成的。只要生命存在一天，這四種元素就能結合一天。一旦生命終止，這些元素也跟著分解掉。人死了什麼都沒有，當然連靈魂這種東西也不存在。因為死後一了百了，既無善業，也無惡業，所以無任何果報可言。若渴望果報而行布施或祭祀，統統都沒有用。與其這樣，不如追求現在的利益與快樂才對。他的主張跟唯物論及快樂主義緊緊相連，故叫做現世主義——剎那主義。這種想法到處都有，也一直存在著。在印度，這派叫做順世派。

(3)迦旃延——（Pakudha Kaccāyana）他主張七項要素，即是除了阿耆多的唯物論及四種元素以外，再加上苦、樂、生命（靈魂）等精神性要素。依他看，這些要素既不能製造什麼，也不能生出什麼，乃是不變與安定的存在，但不是七種元素的集合。例如砍殺一個人，只不過是刀劍穿插於這七種要素的間隙，一塊一塊掉下來。可見這也跟道德否定論或快樂主義相通的。

(4)末伽梨——（Makkhali Gosāla）他加些要素的數量，主張十二要素說。不過，他的思想出自一種宿命論，故在這方面馳名。他說一切既非有，亦非無，全部是無因無緣，到處都無控制力，也無意志力，一切變化都由某個人來決定，縱使想作惡或為善，也都難逃既定的命運安排，一切努力最後都會無效，只會隨著輪迴在轉動。據說他屬於阿吉維卡教。這個定義是：「嚴謹地遵守生活法的規定。」實際上卻在苦行。這支教派一直存續很久，依據後期的書上記載：連上述那位富蘭那和迦旃延也屬於這一派。後來，這個宗教被耆那教吸收進來了。

(5)珊闍耶（Sañjaya Belaṭṭhiputta）——他是很出名的懷疑論者。例如有人問他：「有沒有來世的存在呢？」他答說：「我既不認為有，也不以為似乎有，也不以為跟它不一樣，也不以為不是，也不以為非不是。」由此可知沒有肯定答案，始終是未定狀態，結果是一種不可知論。佛經上說他的論點為「滑溜論」，像鰻魚一般抓不住或滑溜溜……但它對於形而上學的問題，在建立判斷終止方面會有某種意義。在歐洲，首先對希臘亞里斯多德那套龐大的體系焦頭爛額之後，到了羅馬時代，它又跟懷疑派畢倫所發現那種立場相通。

(6)尼乾陀若提子（Nigaṇṭha Nātaputta）——意謂「出身拿達族尼乾陀派的人」。原名叫做華爾達瑪那（Vardhamāna），據說他已經開悟了，所以尊稱他為瑪哈維拉（Mahāvīra 偉大英雄之意），或耆那（Jina 勝利者之意）。他改革了尼乾陀派，之後才以耆那教的姿態發展下去。

後來，耆那教跟佛教同時發展，成為婆羅門系統以外的兩大宗教。對印度文化和思想有多方面的影響。耆那教的傳統、術語、思想等方面有不少跟佛教相通。

這位瑪哈維拉比喬達摩・佛陀大約晚二十年出生，出家後專心於苦行，並在苦行中開悟。結果，在當時混亂的思想界裏，他從一種相對主義與不定主義中，把觀點限定在：「從某一點看」這方面，他把一切區分為靈魂與非靈魂兩種。後者又分為活動、靜止、虛空和物質等四類，合計為五種實在體。

耆那教的最大特徵，在於它的認真實踐。尤其重視不殺生、真實語、不盜、不邪淫和無所有等五項大戒。其中第一項不殺生戒，不分在家與出家都要嚴格來遵守。換句話說，凡是有生命的東西都不能被殺或被傷害。因此，信徒就不能從事跟這有關的職業，以免犯戒。縱使從事農業，由於泥土中有諸多小蟲，殺蟲可能性極高。故使耆那教徒頗不愛農耕。這一來，他們就全心全力放在商業方面，又因能奉行真實話的戒條，誠摯不欺、講究信用，結果經商很成功，也都能致富。還有人說紀元前一世紀以前，有過半數的印度民族資本，掌握在全印度總人口中佔百分之零點五的耆那教徒手上。

在出家人裏，有人徹底信受五戒的最後一條——無所有戒，身上一無所有，甚至連耆那教的聖典也捧掉了，他們被稱為裸行派。有人壓抑這種過份偏激的情形，就勉強披上一枚白衣，也護持著聖典，故被稱為白衣派。

他們懷念開山祖師尼乾陀的苦行，修行人尤其徹底實踐斷食，甚至稱讚斷食致死的程度。透過這些實踐，耆那教才能維持到今天，縱使為數不多，至少能給予印度民眾極大的感化，例如不殺生的和平信條……

喬達摩．佛陀──

喬達摩．佛陀是上述新鮮空氣下誕生出來的自由思想家之一。喬達摩（Gotama）是他的姓，名字叫悉達多（Siddhattha, Siddhārtha）。而佛陀是指覺悟的人，不是專有名詞。他出身尼泊爾的釋迦（Sakiya, Śakya）族。尊稱為釋迦牟尼（muni 聖者之意），譯作釋尊，也有人意譯成佛陀。這個名稱傳到中國以前，由於語尾的音脫落了，致使部份信徒只記作佛，或音譯成浮屠。此外，還有世尊、如來等許多異名。

喬達摩．悉達多的誕生地點在迦毘藍城郊外的藍毘尼園，紀元前三世紀有一位阿育王首先統一全印度，他在那裏建造了塔和石柱來紀念佛陀（這根石柱後來埋在地下，十九世紀末才被人挖出來）。

佛陀傳記對於佛陀的誕生添油加醋，編造形形色色的故事。例如誕生後會走路七步，致使宗教學、民俗學就從不同觀點來解釋這個「七步」的意思了。

釋尊的父親叫做淨飯王，從這位國王的其他兄弟的名稱看來，該國人民似乎從事農耕，尤其以種稻米為生。雖然，他們是一個地方小國，但生活似乎相當富裕，喬達摩·悉達多是他們的五子。母親是摩耶夫人，在悉達多生下沒幾天就死了，就由姨母扶育長大了。他十六歲結婚，生下一個男孩叫做羅睺羅。

他好像過了二十歲以後，就對人生問題產生許多苦惱，到了二十九歲就去出家，這時候也衍生不少傳說。例如他離開王宮到城外時，最先碰到一位老人，之後看到病人、死人，心裏怏怏不快地回到王宮。這才使他明白老、病和死等現象是人人不能避免，也是違反自己的意志。最後，他看見清淨的沙門，才堅定了出家意念。這就是「四門出城的故事」。後來，悉達多趁著黑夜，偷偷溜出王宮，吩咐僕臣車匿牽出愛馬——犍陟，一上馬就奔出城外。接著，他落髮又披上袈裟，到處尋訪名師。當然，他徹底放棄王子的身份，也意味他捨棄地位、財產、妻子和生活資糧等一切現世的享受。

他出家做一個沙門，南下到了摩竭陀國——以恆河流域為中心的地盤。那裏有兩位仙人都崇奉神秘主義，悉達多向他們求道了。一位仙人叫阿羅藍，已經得到「無所有處定」，另一位仙人叫鬱陀羅，據記也得到「非想非非想處定」。悉達多也只向他們學些修行法，但很不滿足，不久就離開他們了。

之後，他跟其他沙門一樣，進入山林修苦行了。他苦行六年，其間修持止息法，和一天僅吃一粒米的斷食法，極端苛虐自己，幾乎到了奄奄一息的地步。不料，仍然不能從苦業中開悟，反而因為意識朦朧、幻想不斷而苦惱得很。這一來，他才從深刻的體驗中拋棄了苦行。

他走出伽耶山林，拖著疲乏的身體，蹣跚地走到尼連禪河沐浴一陣，上了岸喜獲村中一位少女捧著一碗乳糜來供養，喝完後才恢復體力。於是，他走到菩提樹下打坐瞑想，直到完全開悟（正覺），這叫做成道。結果，喬達摩．悉達多就成了佛陀。

那麼，佛陀當時悟了些什麼呢？覺悟的內容是什麼？初期佛經對於這一點有許多不同說法，宇井伯壽博士將這些整理成十五種。

雖然，一般人說他領悟了十二因緣（緣起），其實，那也只是上述十五種之一。且在『阿含經』各處都提到很簡單的緣起說，而沒有到達十二支。所以，若說他當時已經悟到『十二因緣』，顯然是後世的說詞。

佛陀出家在於他發現人生的許多問題、結果，他找到了最根本和究極的解決之道。一言以蔽之，他發現了「法」，若人生不能依據自己的意志得到解脫，自然就會「苦惱」，之後思考如何解決它？

不管怎樣，反正初期經典列述許多內容，無疑出自後世經典編輯者的想法。再者，關於成道的內容，佛陀也沒有向徒眾一一說過，這一點跟耶穌基督所謂「山上垂訓」有極大的差別。

佛陀在短期間內仔細品嚐自行覺悟的醍醐味，不久才暗忖和猶豫要不要將覺悟內容告訴大家呢？原因是，這些內容很奧妙，即使再三解說也不易讓人們理解，毋寧說，他傾向不願意方面了。

這時候，就出現後世所說「梵天勸請」的事情了。梵天原是婆羅門教——印度教的神，他走來勸請佛陀一定要出來宣揚教理，再三邀請，才使佛陀決心出來說法。

「甘露（不死）的門開了，凡有耳朵的人都應該聆聽。」

這首偈表示佛陀當時的決心（「梵天勸請」不外將佛陀的內心動向宣揚於外，而加以故事化的方便說詞）。

首先，佛陀想到當初那兩位曾經指引過自己的仙人，但是，他們都已經不在人間了。接著，他才下決心要對五位曾經陪伴自己苦行的老朋友說法。於是，佛陀離開菩提伽耶，走了大約一八〇公里的路程，前往迦尸城。途中，他遇到一個阿吉維卡教的修行者叫優波伽，佛陀告訴他自己是「無師獨悟」，對方半信半疑，搖頭不已。

五位修行者住在迦尸城北邊的鹿野苑。當佛陀快要走到時，他們遠遠就認出是誰來了。但很輕視佛陀從苦行林逃出，故私下約好不歡迎他來。誰知佛陀走近時，不禁被他的威儀莊嚴感動，而忘了剛才的默契，反而由衷地起身迎接，聆聽佛陀的首次說法，不久當場成了佛弟子，所謂教團便從此生焉。

佛陀說法叫「轉法輪」。「輪」是指一位帝王統治世界的象徵，法輪即是最高的真理。還有輪也意味到處能行，而轉動這個輪，也意味最高真理要公諸於世。佛陀說法即是轉動一切法輪，而最初說法稱為「初轉法輪」。

關於初轉法輪，也有一部單獨的經典叫做『初轉法輪經』，這方面的傳承資料多達二十種以上；其間都幾乎記載中道、四聖諦、八正道、無常─苦─無我等三法印的說法。至於每種內容詳情，留待下面敘述。

初轉法輪是一次契機，之後佛陀才開始向芸芸眾生宣揚教法。直到八十歲入滅以前，他的教化地區都以恆河流域為主的中印度一帶，實際上持續四十五年之久。

波羅奈城有一位長者的兒子叫耶舍，聽了佛法受益很多。不久偕同五十位朋友來聽教，最後，他們都紛紛出家做佛陀的弟子。

佛陀離開波羅奈城，前往自己成道的地方伽耶，結果在那裏遇到拜火教的首領——優樓頻羅迦葉、那提迦葉、伽耶迦葉等三兄弟。他們後來各自率領五百名、三百名，和兩百名弟子投奔佛陀，統統成了佛弟子。

之後，佛陀到了摩竭陀國的首都——王舍城，國王頻婆娑羅王也皈依佛陀，並捐贈一座竹林精舍，它位在王舍城入口的外側（頻婆娑羅王不久被兒子阿闍世幽禁，但後來連阿闍世也做了佛教徒）。

當時，王舍城住一位外道叫珊闍耶，也屬於六師外道之一。他擁有兩百五十位婆羅門徒眾，其中有舍利弗、目連兩人。一天，舍利弗被五比丘之一——阿說式（又譯名為馬勝）的儀態端莊所吸引，便問他師法何人？對方答說是釋尊，同時簡述佛陀的教法：

「諸法因緣生，諸法因緣滅。」

舍利弗一聽也開了法眼。他馬上告知好友目連，兩人偕同兩百五十位門徒走訪佛陀。結果也都成為佛弟子。舍利弗的智慧超群，目連以神通第一著稱。兩人都比佛陀先入滅，但他們都有偉大的影響力。

不久，大迦葉也加入佛團了，他過著簡樸純潔的生活，被稱為行法第一。佛陀入滅後，他召集經典編輯會議，功不可沒。

接著，佛陀回到故鄉迦毘羅衛城，也讓釋迦族五百人皈依。包括他那位同父異母的弟弟—難陀，自己出家前生下的兒子——羅睺羅、理髮師——優波離、堂弟——阿難等人也出家來跟隨佛陀。從此以後阿難侍候佛陀，長達二十五年之久，忠心耿耿。

當時有一個大國叫憍薩羅國跟摩竭陀國對立，而釋迦族原來隸屬於憍薩羅國。佛陀走訪憍薩羅國後不久，國王波斯匿王也成了虔誠佛教徒。該國首都舍衛城有一位須達多長者，他樂施好善，故被人尊稱為「給孤獨長者」。他向波斯匿王的祇陀太子買下一大片土地來捐贈給佛陀，那就是「祇園精舍」，簡稱為祇園。十九世紀末有一位英國考古學家叫卡尼加姆，曾在現今的薩黑特・馬赫特發現這個遺跡。之後進行發掘作業，依據實際測量，據說這座遺跡有兩萬坪（法顯在五世紀初走訪該處，記載那裏的塔和美觀的庭園，但到七世紀前半，玄奘來旅行時，他記述建築物早已破壞，只剩下礎石而已）。

雖然，佛陀到處遊化，馬不停蹄，沒有一個固定住處，只在王舍城的竹林精舍和舍衛城的祇園精舍住得最久。尤其雨季的安居也多半住在這兩處。

至於有無女佛弟子，則不太清楚。但依經典記載，則有佛陀的姨媽摩訶波闍波提、妻子耶輸陀羅、須達多長者的長媳司嫁達、波斯匿王的夫人末利等都成了尼僧、或虔誠的在家女信徒。

佛陀一生走動的範圍，大體在菩提伽耶，從王舍城到帕特那、迦尸城、迦毘羅衛這條線，西從波羅奈、舍衛城、柯桑毘一帶。

佛陀的入滅是一群佛弟子永遠忘不了的事，記載『偉大人物死亡』這本教科書，計有巴利文、梵文（片斷）和五種漢譯本都很詳細。綜合起來大概有以下情狀──

佛陀離開王舍城，經由那爛陀，前往帕達利普特拉。他在那裏渡過恒河，北上到了毘舍離城。那裏是商業都市，人物建築頗為繁榮。他在此渡過雨季，舉行最後說法：

我沒有留下什麼秘密，我把一切都說出來了。

要以自己為燈明（島），要以自己為皈依，而不要皈依別人；要以法為燈明（島），要以法為皈依，而不必皈依其他東西。

雨季來了，毘舍離顯得很優美，這個世界也很美麗。

阿難呵！這恐怕是我最後一次看看毘舍離了。佛陀所以會這樣感傷，因為惡魔呈現，催促佛陀入滅。佛陀答應，表示三個月後入滅。其間，阿難茫然若失，央求佛陀不要答應惡魔。但是，佛陀卻說出下列詩偈：

我的年紀大了。
我的生命就要結束了。
我要離你們而去。
我已經皈依自己了。
諸位修行僧啊！你們要精進不息，好好守戒。
靠思惟來統一自己的心，攝定自己的心。
只要勤於法與律，就能捨棄生的輪迴，結束苦難。

佛陀邁向祖國的路上前進，這也是人之常情，死期到了，依然懷念故鄉，希望落葉歸根。

途中，經過婆娑村，住在一位鐵匠叫鈍陀的家裏。鈍陀用「斯卡拉馬達」招待佛陀。「斯卡拉」是野豬，「馬達」是柔軟的意思，那就表示「軟豬肉」的食物。

南傳佛教托鉢不一定拒絕肉食，若這樣譯成巴利文倒無不恰當之處，但北傳佛教所謂精進飲食，則避免吃下四腳動物的食物，所以譯作「栴檀茸」。意謂從栴檀樹上生出來的樹筍。這也許相當於現在法國，或英國的高級餐飲中深受重視的「特利油普」（truffe 法國松露，蘑菇的一種）。反正佛陀吃下這種飲食之後，就得了重病，依據後人推測，也許患了赤痢的樣子。

佛陀抱病走路，到達迦尸那城時再也走不動了，村裏有兩棵娑羅樹，佛陀躺在兩棵樹的蔭影下，枕頭朝北，很平靜地嘆說：

阿難啊！我不是教示過你們無常，和愛別離苦的道理嗎？

這時候，來了一位須跋陀羅的遊行者，央求佛陀解答他心中若干疑難，不料被阿難拒絕了，但佛陀允許回答他，就教授下列詩偈說：

須跋陀羅呵！我二十九歲就出家求善了。
須陀羅呵！我出家五十多年裏，
只在正理與法的領域裏活動。
除此以外，並沒有其他人成道。

須跋陀羅也成了佛陀最後一名弟子。

天亮了，佛陀獨自開口說道：

諸位修行者僧呵！我有話要告訴你們，

一切事物都會毀滅，不要懶惰，應該努力精進呀！

接者閉上嘴巴，雙眼也閉上了，安詳地入滅了。尚未開悟的阿難不禁哭泣起來，至於那些開悟佛弟子就當下觀照無常，而忍住悲痛。

依當時印度曆法正逢太陽曆十一月的滿月之夜，而中國傳統叫二月十五日，日本也接受這項習慣日子。

葬儀由馬拉族的信徒們慎重舉辦，採用火葬儀式。他們把骨灰（舍利）收拾後放在集會堂。這時候，以摩竭陀國的阿闍世王為首，要求拿些舍利回國供養。結果分成八份，由他們帶回八國去建造舍利塔紀念。

以上是諸本的記載，但在一八九八年有一位法國考古學家帕配氏曾在毘羅衛的舊址附近挖掘了一座舊塔，並發現一個蠟石壺，它的表面記載一段話—

它是釋迦族佛陀釋尊的骨灰器，係有名譽的兄弟、姊妹和妻子們收納之物。

那些字體是阿育王的文字，屬於紀元前三世紀以前的文字。

關於佛滅的年代後來仍有爭論，第一是南傳根據十一世紀前後的傳說，把佛滅定在紀元前五四四年。基於這一點，一九五六年便在錫蘭舉行佛滅二五〇〇年祭典，這種祭典後來也在泰國、緬甸、日本、中國和印度等地舉辦過。依據他們的意見，佛陀生長年代定於紀元前六二四～五四四年，早一些便與其他文化現象不符合。至今在學術上還無法被採納。

第二是依據錫蘭的『島史』、『大史』的論點，有一位巴利文佛教權威概伽氏說，佛滅於紀元前四八三年。還有一位雅柯昆也依此而推算為紀元前四八四年。他們的見解倒跟「眾聖點記」的說法大體一致，這本書是依據『善見律毘婆沙』的翻譯而流傳於中國的。換句話說，以佛滅後的律藏結集時間為起點，每年結夏安居為頓點，當這個點到達九七五點時，就傳到中國，據說那是依據『歷代三寶紀』而推算在四九〇年。所以，佛滅於紀元前四八五年。果真如此，那麼，佛陀的生長年代應該在紀元前五六五～四八五年，日本也依此見解而在一九三四年舉行過佛誕二五〇〇年祭典。

第三是宇井伯壽博士提倡的論點，他依據『十八部論』和『部執異論』在北方流傳的說法，而消除了「阿育王在佛滅後一一六年即位」的記載，與南傳諸種傳承國王年齡間的疑問，而推定佛滅於紀元前三八六年，阿育王即位在紀元前二七一年，中村元博士又肯定希臘的資料，而推定阿育王即位於紀元前二六八年。果真如此，那麼，佛陀就是紀元前四六三年～三八三年的人物了。以上第二與第三兩種意見難分上下，讓世人無法決斷。

再依據佛陀的年代，也能推測跟佛陀同時期的六師外道，以及耆那教的年代。

第三節　初期佛教的思想

關於資料問題

我們不能完全相信『論語』所說的孔子，『柏拉圖對話集』裏面的蘇格拉底，和『新約聖經』——尤其是馬太、馬可、路加幾章『共觀福音書』記載的耶穌基督的話，同理，我們也不宜無條件接受初期佛經所說的佛陀的言行。在這方面，我們一定要對於資料來源保持嚴謹的批判態度。

大體上說，初期佛教的資料有經藏、律藏和論藏等三藏，為了要明白佛陀思想，最重要的是經藏，其他可以來自律藏，而論藏屬於註解，不妨放在一邊。

經藏收集了佛陀及佛弟子的言行，而律藏主要是教團規範。但是，眼前編輯的情狀係以阿育王前後為主，直到紀元前後為止。

通常，佛陀係依不同場所、時間和對象而說法（學術名詞叫觀機逗教），而且幾乎都是對話，向一大群對象說，或讓他們說，自動列舉許多譬喻回答，而使對方能夠理解。佛陀自己倒不曾發表過特定的教理，或有過什麼講演，且無意建立特定的思想體系。

凡曾接觸過佛陀的人，因時因地不同，都綜合了自己對佛陀的言語舉止：佛陀最後二十五年左右幸好有阿難侍候，才能留下不少阿難的記憶資料。

佛陀入滅後，大迦葉召集五百名佛門的卓越弟子，在王舍城郊外，各自道出自己的記憶而綜合起來，尤其，阿難談論『經藏』、優波離談『律藏』，而舉行一次所謂經典結集，不過，當時成立的所有經典不能保證原原本本傳承到後世，且後世流傳的經藏與律藏更不能保證是當年所聚集的全部（尤其律藏不乏後世附加的內容）。縱使當時收集了許多聖典，但也一定在當時和後來遺漏了不少內容。

尤其，印度自古至今一直很少採用中央集權式，例如，目前印度最活躍的啦嘛寺院也只在加爾各答、德里等處有據點，而沒有像日本現在寺院那種總本山的組織方式。

經藏的談論歷經好幾代，其間，據說也曾從九部、十二部等形式開始編輯，然而那些在今天也只留下名稱而已。其間為了方便記憶，有些被簡化、或韻律化，或把同一事情反覆說明，甚至附上其他內容，或整理成系統（例如上述佛陀成道時有十二因緣說），畫蛇添足，不勝枚舉。

這一來，流傳到今天的經藏，以巴利文本最完整，但漢譯也含有古老的內容，故一定要參考對照。幸好在巴利五部中有四部可以跟漢譯四阿含相應。不過，其間有不少無法相符的部份。漢譯四種『阿含經』各自來自不同部派，斷斷續續弄成四部（只有『雜阿含經』有其他譯本）。詳情請看下列對應內容——

巴利文	漢譯	
長　部	『長阿含經』	由較長文章組成。
中　部	『中阿含經』	中等長度的文獻。
相應部	『雜阿含經』	大部份為短小經文。
增支部	『增壹阿含經』	被以上編輯漏掉部份。

尚有巴利文裏有所謂小部，也包括十五部經典，其中也有一部相當於漢譯的經

典。在小部裏，特別重要者有——

『法句經』
『經集』
『感傷偈』
『如實語』
『長老偈』
『長老尼偈』
『本生譚』

以上這些都不能等閒視之。

巴利語是印度古代中西部一帶的方言。但是佛陀常用摩竭陀國語，等於現在的一般用語。摩竭陀話是古代印度中部，毋寧說是印度東部的方言（現在沒有一個地方沿用摩竭陀話的原版）。隨著佛教的擴大，摩竭陀語的文獻就跟著轉為巴利語了（摩竭陀語和巴利語比較接近）。若要追溯巴利文佛經的來源，便要提及阿育王時代，那位阿育王的兒子（或弟弟）瑪希達長老把佛教傳到錫蘭的緣故，雖然，當時也是口誦傳承，但怕重要的經典會消滅，便在紀元前一世紀左右抄寫下來。

漢譯佛經大概是從摩竭陀語變作梵文後傳到西域，在那裏改變若干內容再傳到中國來。當然，也不會照梵文原樣傳到中國的東西。漢譯經典雖然譯自梵文，但一旦被中國人翻譯出來，就被朝野看作聖典，以至連梵文原本也丟掉了。雖說有那麼多梵文原本傳到中國來，可是古代中國人連它的片斷也丟得一乾二淨。

奇怪的是，極少部份的片斷傳到日本後，反而很慎重地被保管在法隆寺等其他地方。例如人人皆知『般若心經』的梵文本即是其中之一。其他西域的一部，例如敦煌等地也偷偷保留了梵文本。

由此可見經典是經過長年累月編輯出來的，至於它的內容，則有新舊的問題引起熱烈的爭論。

經藏內的經典有下列三種：

(1)只由韻文組成。

(2)由韻文與散文合組而成。

(3)只由散文組成。

到現在為止，大多數學者都說其中以韻文部份最悠久，而散文可能是以後附加上去的（關於這一點，中村元博士有詳細說明。即中村元著『原始佛教的思想・下』）第六編〔附論〕——原始佛教聖典成立史研究的基準問題—「春秋社」）。但是，我個人相信散文部份也隱藏些古老的思想（請參考拙著『初期佛教的思想』）。所以，不妨一面接納前者，一面考量後者，以下要討論初期佛教的思想。

基本的立場——

誠如前述，佛陀靠隨機逗教來接引眾生。先聽他們各種苦惱的心聲，再引導他們到達平安的心境。不過，佛陀排除那種超人力形象的諸神，也不用祈禱、咒術、密法和魔力之類的眾神，且更反對不可思議的超自然性的東西（佛陀傳所說各種神通現象，恐怕都是後人添油加醋）。

佛陀的教誨，只想站在現實的立場來解決現實的苦惱。這意謂初期佛教就總的來說，無疑是面對現實的現實主義。

這裏所謂現實主義者，既非跟今天那種功利主義相結合的東西，也不是迷戀現實而忘卻理想的現實主義。完全不是這些，而是徹徹底底活在地上的人，滿懷苦惱，受困於慾望的世人，所以，佛陀要在現實世界完成怎樣消滅苦惱，超脫慾望，而不以為理想境界的涅槃存在天上的某處，反之，可以在現實上得到的境界。當然也有祈求。然而，這種祈求採用誓願方式（不是靠不可思議的神——萬能者與絕對者的力量），自己去努力實踐，全力以赴……。

現實的實踐，只有靠覺悟，而這才是一切的根本，也是基礎。每一種實踐都在現實上日積月累，相互牽連，藉此去解決許多現實問題。上述佛陀的最後教誨是：

不要懈怠，要努力精進呀！

這句佛陀的教誨跟佛教的一切都緊緊相繫。

如果站在這個立場來看，首先會生出苦的問題。它就是反觀自照的問題。凝視自我，就生出心的問題，而且也出現自己的存在問題。同時衍生自己與別人之間的問題，從後面兩項問題而生出因果關係（緣起）的問題。之後就生出最高的真理何在等問題。還有自己與事物現象（法），實踐指針（中道、八正道）等問題也相繼而生了。這些會留在下面逐一討論。

首先涉及基本立場的問題，那是針對當時形而上學的態度問題，這一點不妨詳加探究一下。

在佛陀弘法時代，可說百家爭鳴，多彩多姿，誠如前述，大體上可以綜合成六十二種見解。其中有下列的諸項疑難很流行。

A、①世界是常住。②世界是無常。（在時間上說，世界有沒有被限定呢？）

B、③世界是有邊。④世界是無邊。（在空間上說，世界有沒有被限定呢？）

C、⑤身體與靈魂是合而為一。⑥身體與靈魂是分開。

D、⑦人格成就者（如來）死後還存在。⑧不存在。⑨存在又不存在。⑩不存在又非不存在。

以上諸項問題叫做「十難」。

還有以上A與B之間存在下列問題——

A、①與②之後：（一）既是常住也是無常。（二）既非常住，也非無常。

B、③與④之後：（三）既是有邊也是無邊。（四）既非有邊，也非無邊。

這些合稱為「十四難」（這些顯然是「十難」的變形。）。

揭示「十難」的經典，巴利文與漢譯合計有二十種，光是漢譯的「十四難」就有六部，還有敘述其中一部，再加上變形的內容者，共計有五十三種之多。

佛陀有過好多次被人問到這些難題，但是，佛陀常以「無記」對付，也就是不作答。

那麼，為什麼不回答呢？原因是，這些都是說不完的形而上學問題。佛陀說：

「我以不肯定答說的方式讓你們明白我所以不肯定說的原因……我不肯定答說『世界是常住』之類的問題，為何我不肯定答說任何一個答案呢？原因是，這種問題根本與目的無關，既不能當作清淨修行的基礎，也不能讓人厭離世俗性事物和慾情，更不能使人制御煩惱，或使人內心平安，得到智慧，大徹大悟，以至涅槃境界。」

還有些佛經提到一則有趣的譬喻——毒箭。

假定有人被毒箭射傷叫苦不迭。這時候，他的親友們就要送他去看醫生。不料，受傷者卻問說：「到底射我那個人是王族呢？婆羅門呢？庶民或是奴隸呢？如果不弄明白，就別把這隻箭拔出來。如果不明白對方的姓名，也別把毒箭拔出來。如果不明白對方是高個子、或矮個子、中等身材，還有他的皮膚是黑色、黃色、或金色；他是何方人氏？他用的弓是普通、或強勁的呢？弦、箭和羽毛的材料是那一種呢？箭的形狀怎樣呢？若不弄明白這些，那就別拔出那隻毒箭。」這一來，受傷者還沒弄清楚以上的答案時，就一命嗚呼了。

同理，如果有人說：「師尊倘若不肯定解答我的問題（世界是常住，或不是常住），那麼，我就不想向師尊修習清淨行。」兩者的情況完全一樣，這一來，由於完成修行的師尊不肯作答，致使那個人死了。

所以，佛陀排斥這種脫離實踐，無益於身心清淨的爭論。『經集』被稱為最古老的資料之一，在其中八首偈語裏，有一段這樣的話（數目字是詩偈的編號）——

832 一直在爭辯特殊的哲學見解，倘若有人說：「只有這個才是真理。」那麼，你們要說：「雖然有這種爭論，這裏可沒有人跟你討論它。」

839 師尊回答：「鬘童子呵！我不以為依靠見解、學問、知識、戒律與道德都能得到清淨。我也沒說仰賴無見解、無學問、無知識、或不守戒律與道德都能得到清淨。丟棄這些，它不能令人去執著，免於拘束，或得到內心平靜。」

886 世上沒有許多不同的永久真理，只憑想像那是永久的東西。他們在思索和考究各種見解，就說那是真理。」其實他們的說法是虛妄不實的。

907 真實的婆羅門不會被人牽著鼻子走，也不會執著和肯定各種教義。因此，他能超越各種爭論，不會把其他教義看作最殊勝。

912 聖者在世上會捨棄各種束縛，即使有爭論發生，也不會偏袒一方。他處在一群不安寧的眾生中，也照樣能安寧、泰然自若、不執著。但是，其他人卻會執著。

總而言之——

837 我可不談這種事情。我確知許多人執著各種事情，我不執著各種事情的見解，我會一面自省觀照，一面得到內心的安寧。

心與主體——

在『經集』裏，也有一句偈語幾乎跟上述的內容和意思一樣。

470 已斷除心的執著，無拘無束，不管在此世或彼世都不受拘束的人格圓滿者（如來），值得接受獻供。

這裏出現一個「心」字，可以更凸顯前面詩偈的意圖。

有一部『法句經』（DhammaPada）可跟『經集』相提並論，也屬於最早的資料之一，這部小經典只有四二三句詩偈。依據裏面的說法，全部有深妙的含蓄意義，很方便朗誦。譯自巴利文的日文譯本少說在十種以上。我不妨列舉幾首以心與主體為題目的例證（數目字是詩偈的號碼）。

誠如前述，佛陀時代的嶄新與自由空氣，基本上得力於豐富的物質生活。生活上的農產物與日用品應有盡有，讓人們心滿意足，也刺激更多慾望，追求更奢侈的生活，陷入物質萬能的風潮裏，佛陀教誡世人要凝視自己的心。

1 一切事都以心為前導，心為主使，由心所造成。假使人以穢惡的心，不論言語或行動，苦惱就追隨著他，如輓車的牛，車輪隨足蹄。

2 一切事都以心為前導，心為主使，由心所造成。假使人以清淨的心，不論言語或行動，安樂隨著他，如影隨形。

183 不作一切罪惡、行一切善事、清淨自己的心意，這是佛陀的教誡。

那麼，這顆心的實狀又如何呢？

33 動搖的、輕躁的心、難防護、難抑制；智者實行正直，如矢師矯正箭直。

35 善制御輕躁的、難捉摸的、隨從慾愛活動的心；已經制御的心，能引至安樂。

39 心離貪著，思慮不受擾亂，超越善福、罪惡、覺者沒有恐怖。

233 防止心意的忿怒，制御心意；捨棄心意的惡行，以心意修善行。

5 在這世界上，決不能以怨恨止息怨恨，惟獨無怨恨才可以止息，這是永恆的真理。

既然這樣，那麼，誰是這顆心的主體，誰該制御這顆心，消除煩惱、怨恨和惡行呢？

這部經典反覆敘述這個主體是「自己」。

160 自己為自己所依，他人怎可為所依？
自己能制御自己，是獲得了難得的所依。

165 自身作惡、自身污穢；自身不作惡、自身清淨。
清淨不清淨由自己，人不能為他人清淨。

236 你應當建造自己的依處，急速努力為賢者。
拂除垢穢，沒有罪惡，你能至天界的聖境。

380 只有自己才是自己的主人，自己是自己的依怙；
因此，制御自己，如馬商制御良馬。

除此以外，上述「自燈明、法燈明」一語也是耳熟能詳。佛陀再三教誡：你們以自己為洲，依靠自己，不依靠他人；以法為洲，依靠法，不依靠其他人。

這是佛陀的遺囑之一。跟上述的心一樣，自己是很容易動搖，卻很難制御。

159 教誨他人，應如自己所行，制御自己才能制御他人，制御自己實在最難。

252 他人過失易見，自己的過失難見。

散佈他人的過失，如播揚穅秕；

隱伏自己的過失，如狡猾的賭徒隱匿作弊的骰子。

50 不應觀察他人的過失，他人已做和未做的事情；

但應觀察自己的過失，已做和未做的事情。

三法印——

再讀一下『法句經』，裏面有這種偈語——

276 一切存在物是無常的。

276 一切存在物是苦的。

278 一切存在物是無我的。

之後跟以上三句的接連內容一樣。

由此可知，用智慧觀照時，才會厭離諸苦，而這才是邁向清淨之道。

所謂三法印，即佛法被印證之意，不僅出現於『法句經』上，也在原始佛教經典上屢見不鮮。漢譯是——

諸行無常，一切皆苦，諸法無我

不久，在三法印後再加上一句：

涅槃寂靜

這意謂涅槃是柔和平靜的世界，這一來反而成為四法印。不過，後人把「一切皆苦」除去，才變成其餘的三法印。

三法印就是強調其間「一切皆苦」。這顯然是正視「苦的現實」的態度，等於三法印的出發點。以下要談四諦說，它通常指「苦、集、滅、道」等四諦（苦諦、集諦、滅諦、道諦），如果詳加調查初期的佛教經典時，肯定這句話就是談「苦」。

誠如上述，那一定指苦諦（關於苦的真理），苦的集諦（苦的生起或苦之根源），苦的滅諦（苦之止息），苦的道諦（導致苦的止息途徑，內容是八正道）。中道是「不苦不樂的中道」，許多人都認為這種「苦」是苦行，意謂佛陀出家六年修苦行。而「樂」是指出家前的快樂生活。其實，我不以為光是這樣的「苦」與「樂」會完畢。關於這一點可以留待後面討論。

緣起說要在別章探究，只要觀察跟「苦」有關的部份，那麼，下面的內容就必須注意。那就是緣起說中最先提到十二因緣（十二緣起），這是形式最完整的系列，之後有形形色色的緣起說，但每一種都必定提到生老病死。其實，緣起說不止於生老病死，後面必然有憂悲苦惱，總之，它會伴隨「苦」的出現。

大體上，緣起說以無明為首，也有人說以渴愛為首，意謂有這兩種差別。它們也包括生老死，而稱為五支（及六支）緣起，或十二支緣起，其所以如此，因為後面持續「苦」的出現。如果細看它出現的根源，便會知道先有無明與渴愛，接著有生和老死一連串系列，而緣起說可不是追循這一套（這種人完全不懂各種緣起說的成立原因）。反之，應該注視生、老死……，不，而是注視苦的實況，即先追溯老死的原因而有「生」，因有「生」才有「有」。

這樣往前追溯下去，有人追到渴愛，又有人追到無明，苦應該這樣注視才好，這一來，緣起說（也跟六法印把原點放在一切皆苦的情狀相同）與其說老死，不如說更根本的苦才是起點，我們必須這樣觀察才行。

由此看來，三法印、四聖諦、中道和緣起等，初期佛教的大部份的法都源於「苦」，那麼，我們要怎樣思考這個問題呢？

如果再追根究柢，那麼，我們必須思考佛教到底是怎麼起來的呢？這個起自佛陀的成道——即開悟。但若再往上追溯時，根源在佛陀的出家（當時還沒有成佛）。那麼，出家又因何而起呢？誠如許多佛陀傳所說，佛陀出身為王子，生父叫淨飯王，從小就沒有在物質和肉體上吃過苦頭，反而生長在安定祥和的環境，每天過著應有盡有的快樂生活。那麼，他為何捨棄地位、拋棄妻兒和一切，跑去出家求道呢？

佛陀傳記添加四門出遊的故事。原來，他在東西南北四個城門看到老人、病人、死人和出家人，結果引發他深刻的反省，以致走上出家這條路子。這段故事的詮釋倒不必在此討論。只有老、病、死等眼睜睜等「苦」惱問題，才是本章的主題。不論肉體多麼強健，生活多麼快樂，環境多麼舒適，老、病、死所象徵的「苦」對於一切芸芸眾生都不能避免。苦就是這種情狀。

天下人類或一切眾生所擁有的東西，縱使不願意，不希望，或想盡方法逃避，也逃避不了。照樣不能永遠存在，而這就是「苦的實狀」。同時，這是佛陀覺悟的內容，若再追根究柢，那也是他出家的根源。

我們不妨研究一下苦的字義。苦是梵文的 duḥkha 字（巴利文叫 dukkha）。字的原意是「不順」、「難做」，在文法上用作不變詞。但也作名詞，即「不能如願」，於是成了苦、苦惱和苦痛，也有學者譯作「不安」。

苦的內涵在初期佛經上也有下列說明。其中一種叫四苦八苦。四苦指生、老、病、死等四種，再加上「愛別離苦」（離開心愛者的苦惱），「怨憎會苦」（遇到憎怨者的苦惱），「求不得苦」（得不到需求者的苦惱）、「五蘊盛苦」（綜合以上五種聚集，即一切皆苦），共計八苦，結果出現四苦八苦這個名詞。

其次有苦苦，壞苦和行苦等三苦。有人說，這恐怕是後人的意思，但也散見在許多經論裏。在以上三苦裏，所謂苦苦者，表示苦有兩種意義。那就是寒熱飢渴等我們通常所嚐到的苦惱，即為苦者的最初苦惱，那是我們無法避免的事；換句話說，我們的本來面目即是苦，或苦苦之後的苦。所謂壞苦者，即快樂遭到破壞時，我們會生出痛惜的心情。就以苦的方式來領悟它。行苦是指一切諸行皆苦也。

此外如望月信亨那本『佛教大辭典』（第一卷六三四頁）上有各種苦的說明。不論如何，我們在探究苦的語義與用法，也漸接近它的本質了。誠如三苦的苦苦所說，苦有現象性的苦，和本質性的苦兩種，而後者才是我們一直在探究的東西。

誠如上述，苦既非我們盼望的東西，也非我們願意要的東西。反之，乃是我們想要迴避，而又無法迴避的本來面目。不料，這個又在煎熬著我們。在這種苦的存在中，就語義上說，不妨將這個苦改用現代的話說，依我看，可用「自我矛盾」或

「自我否定」來表示。不能如願以償，無法為所欲為，或違反心願。而且這個不是外在東西在違背我們。這也不是我們被受到外在的強制才有違背情況。這完全是我們自身所生出的違背情況，我們破壞自己所想要的一切，從我們外在事物而來的苦，即是苦苦的最先之苦，那是現象性的東西，若想要避免時，通常也都能避免。

換句話說，若能改變自己的欲求，那麼，自己不能滿足心願就算了。這種苦也能忍耐，且能等待過度的狀況。但若出自內部，違背自己的東西，也意謂自己內部出現自我矛盾；在本質上，它根源於我們內部，也是先天性的東西，即使有意避免，換句話說，它是自己的欲求，根本無法避免。那是自己惹來的。這種苦惱的例子，多得不勝枚舉。

上述的四苦八苦只是其中一種典型。意謂不管我們的願望與期待怎樣，在這種時代，這種事情有它的素質存在於這種環境，所以，我們就是這樣生存下來。縱使我們一味要求別的東西，別的時代、別的素質和別的環境，但是，我們自己卻深受眼前某些事物的拘束而不能如願。例如老、病、死等都不是我們所想要的現象。但是，我們自身都孕育有生、老、病、死，逐步走上自我喪命的境地，不走也不行。

愛別離苦以下的情形也不例外，不管我們怎樣努力精進都無濟於事。那些都是我們自己惹來的情狀，也是於生俱有；毋寧說，求不得苦所象徵的情況亦然，難道我們自己不是一味追求不可能得到的東西嗎？明明得不到，反而執迷不悟，苦苦追求……。其所以這樣，首先是自我這個東西有問題。我們根本無法一味希望自己能增高十公分。雖然我們不斷命令自己別睡呀！別睡呀！結果不知不覺睡著了。反之，一味催促自己快睡呀！快睡呀！結果一直睡不著。同理，自我就是這樣很難制御。也很難掌握的存在（這是諸法無我者也）。

既然這樣，那麼，這種苦是什麼原因呢？四諦中的集諦即是問題的說明。那也是三法印中的諸行無常，或三苦中的行苦也。換句話說，一切事物或現象皆在行，而那也是無常。所謂固定、不動或不變者，根本上要被否定。我們若向自己的願望與期待追究下去，那才是恆常、永遠、實體、確實性、真理性與無限性。縱使有心破壞，甚至要自動踐踏恆常，殊不知那只是企圖破壞既存事物的恆常，而不是想要破壞自己。企圖破壞既存事物這種信條本身就是恒常。甚至連這個也不是恆常，因為一切諸行都是無常。既無永遠性，又缺乏實體，更談不上確實性與真理性。一切都是有限，而不能無限。從此也導出自我的否定，而這些正是我們的現實狀況。

換句話說，透過現實的根本反省，在時間上以最先的原點方式開始，再探求它在邏輯上的理由與原因，將違背自己，和自動否定那種苦的現實，看作無常或以邏輯性的方式來掌握它，這樣才能明白初期佛教的法，即是佛教的根本。

以上這樣說明無常—苦—（無我），以前幾乎沒有人提起過。但若不這樣思考，那麼，我不但不能掌握無常——苦所具有的宗教意義，而且乍聞佛陀的教誨也可能很難感動芸芸眾生。讓他們心服口服而後邁向佛道上吧！這是我個人的想法。那就是說，佛陀透過無常——苦，明白告訴天下蒼生有關自己的原來面目。

若能考慮到上述的觀點，那麼，所謂「不苦不樂的中道」，也不單單是苦行與樂行的否定而已。不消說，苦行不過是修行的一種手段罷了。但它馬上被自己目的化了，這正是自我矛盾。因此，所謂靠苦行覺悟或解脫的本來面目，很容易脫軌，一方面會徒增苦行之苦，另一方面會淪為自我讚美，為苦行而苦行。樂行更不在話下。來自這種苦行與樂行的超越，並不叫做中道。顧名思義，不苦是自我矛盾的否定。如果以為快樂是自我中心，那麼，不樂也是這種否定。自我矛盾與自我中心也被否定。以想要否定的方式否定了，那可不是簡單被否定的情形。正因為這樣，所以，自我矛盾與自我中心也常常存在於自我中，而苦的現實也在這裏。

換句話說，這種否定就是苦這種事情的最後否定。然而，這個只有靠中道的不斷實踐才能達到。好像有什麼東西要把我們摟住的樣子，它很快成了執著、煩惱，並帶來自我矛盾，自己出了破綻，一旦被這些拘束，不論到那裏都寸步難行，實踐中道重重困難，於是才會否定苦，且能超越苦。

涅槃

「涅槃寂靜」是三法印之一，涅槃譯自梵文，寂靜也是，兩者都表示佛教的理想境界。

當時，那群宗教家的理想與目的，不外追求安穩、安樂、幸福與不死。而理想的境界以「彼岸」來表示，它用來對應「此岸」——充滿上述的各種苦惱。因此，從此岸——現實開始走到彼岸——理想境界，通常在印度哲學叫做「解脫」。那就是說，在此岸相互交纏，彼此瓜葛，從這一切束縛下脫離，之後到達彼岸，正是印度哲學和一般宗教的最高理想。尤其，印度的輪迴思想很濃厚，一定對於這些感受很迫切、很深刻。

這種最高境界被佛教（耆那教亦然）稱為涅槃（另一個漢譯叫泥洹），也有例子指它是一種「鎮住動搖」、「讓它鎮靜」的意思。通常意謂「火焰熄滅」或「火焰消失狀態」（涅槃 nirvāṇa 這個字源是 nir＋vā 和 nir＋vṛ。前者指風吹，後者指火熄滅。印度中部是很炎熱的地方，那裏如果火勢燃燒起來會更熱，只要一陣風吹來把火勢熄滅，就彷彿拂起一陣冷氣，讓人歇一口氣）。佛陀入滅譬如涅槃也。例如下列譬喻：

不動搖的聖者，
安靜地消失之際，
像一個讓心安住的人，
既不呼氣，也不吸氣了。
以畏縮的心耐住苦痛。
那顆心的解脫，就彷彿燈火的熄滅。

上述「寂靜」、「安樂」在梵文叫做「夏特」，在巴利文叫做「桑特」、「夏特」是由 śam 這個動詞形成的，而這個動詞除了「完了」（finish）的意思以外，也作「破壞」（destroy, distingish）的意思。後者顯然是否定字，且涅槃也不限於否定要素的意思，這一點可由上面的解說得知。這樣看來，最高境界或理想境界，就像從此岸到彼岸。否定現實——此岸上面的東西。如果換成宗教的術語來說，就是俗聖兩者的對稱，其間一定存在否定的意義。

但應該注意的是，佛教對於否定不只一次打住，意指否定不僅一次，而是否定又會生出否定。這一來，由聖變俗，從彼岸到此岸，由理想成現實，從某方面而言，投胎轉世，死死生生，無疑是很積極的傾向。若從這一點看，所謂涅槃或「夏特」，應該說是「絕對的平和」才對。

四諦與八正道

諦在梵文叫「沙多亞」、在巴利文叫「桑賈」本來從「存在」這個動詞造成的，轉用作「真理」、「真實」。諦或真理，也常叫聖諦，即神聖的真理（由聖者彰顯的真理）。四諦亦稱為四聖諦。

日本道元禪師在『正眼法藏』上說：「彰顯生死是佛家一大事因緣。」而諦有彰顯之意，但不知不覺也意味斷念與放棄。

四聖諦指苦、集、滅、道等四項。若進一步證明，則有下列解說：

(1)、苦諦——不僅指人生是苦，一切眾生皆苦也。

(2)、集諦——本來是「苦集諦」，因「集」與「生」的意思一樣。或者解作原因。意謂苦是怎樣生出來的呢？人生即苦的原因何在呢？彰顯這件事的真理也。依據諸經的解說，完全來自於渴愛（慾望）。渴愛是指喉嚨發乾的人極想喝水的狀態。那種慾望幾乎等於一切慾望的根基，不能滿足的慾望，它以各種方式呈現，佛教所謂煩惱即是其中之一。下章討論阿毘達磨佛教時，會詳述煩惱的內涵。

的確，人在許多情況下都會受到慾望的影響。渴愛常常被分為三種——慾愛（感覺與情慾性的慾望），有愛（要永續生存的慾望），無有愛（要斷絕生存的慾望）。

(3)、滅道諦即是「苦滅諦」，由上述的「集諦」獲悉苦的原因，於是，就要斷棄渴愛，讓心自由自在，進入最高理想的涅槃境界，也就是實現涅槃的真理。

(4)、道諦即是「滅掉苦惱的道諦」。稱作現實的實踐活動，這可分成下列八種。

①正見——正確看法。如實看到，自己認識四諦。
②正思——正確思考。
③正語——正確言語。
④正業——正確行為、實踐。
⑤正命——正確生活。
⑥正精進——正確努力。

⑦正念——正確思念與注意力，心在正確注視。
⑧正定——正確的精神統一。瞑想、禪定。
以上八項叫「八正道」，等於佛教的實踐基礎。

中道

佛陀在王子時期的生活快樂無比。出家之後，有過六年苦行的經驗，而那段苦行幾乎讓他喪命。誠如前述，他放棄了樂行與苦行生活，這叫做不苦不樂的中道。樂行是另一回事，苦行原來的目的在開悟，雖然當作開悟的手段，但是，這個手段不知不覺被人看作目的，只當直昇機用。佛陀依據自己的實際體驗而放棄樂行與苦行，而選擇了兩者之間那條中道。

世人往往選擇某種極端，因為這樣才容易全力去實踐。處在這樣狹窄的極端中，企圖抹殺一切自己注意不到的東西。極簡單的價值判斷於是生焉，只有慢心與執著。這樣容易成為圖式性的東西——忽視人性。例如財富、名譽、權勢、意識形態等，以為靠它能解決一切，很牽強地企圖去解決一切。一旦遭到挫折，發覺自己徹底失敗時，便走向另一種極端——與前者完全相反，即反其道而行也。

在個人，尤其是血氣方剛的年輕人中屢見不鮮，且在個人集團的社會，或國家也司空見慣。

說得極端一些，世人不覺得這是極端表現。等到失敗才發覺時，便矯枉過正而走上另一極端，無知，世人也不覺得這也是一種極端。

在佛教裏，凡屬極端者都叫「邊」，完全傾向一邊，便叫一邊倒，而這種倒，與其說是「到達」，不如說是「倒立」。那麼，一旦呈現「倒立」現象時，別人也看得見顛倒情狀了。

這種邊不止於上述的苦樂兩種而已，有與無亦叫二邊。斷與常也是二邊，此外也能再舉出若干件來。佛教應該拋棄兩邊，而且喊出中道的口號。這是佛教從自己體驗中得來的智慧。

如果靠邊站是人類的通性（倘若這樣才舒服的話），那麼，一旦否定這邊，但若這項否定由於通性而傾向其他邊的話，那麼，這也要否定了。這一來，就非形成雙重否定不可。透過這雙重否定而拓寬的視野，也已經明白兩個邊，藉此才能悟解不動的意義。中道是絕不會向兩邊的任何一邊搖擺不定，或徬徨不已。由此可知，中道這條路是苛刻人生的智慧。

法

「法」在梵文叫 **dharma**，由動詞 **dhṛ** 而來，它的原意是「擔、保」。所以，「法」即是保持人倫秩序。那麼，它就用在規定、規範、慣例、義務、社會秩序，以及善、德、真理等意思方面。巴利文叫「當瑪」，依據錫蘭五世紀一位著名佛學者普達哥薩氏的註解，此字有屬性、教法、聖典、物等四種用法。

初期佛教的「法」有五蘊說和六入說。

五蘊說的「蘊」字，意謂集合，故五蘊即是下列五種聚集也。

(1)色——有形物，叫做感覺與物質性的東西，肉體也屬於其中之一。
(2)受——能感受一切事物的作用。
(3)想——表象作用，即是意象的構成。
(4)行——潛在的形成力，能動性的心理活動。
(5)識——叫做了別，認識與判斷的作用。

這五項聚集才能形成人的自我，誠如上述，自我是無我，故有「五蘊無我」一詞。

六入說建立在人類認識手段的區分這種基礎上面，六入（或六根）即是眼、耳、鼻、舌、身、意。

基於這些才生出下列六境（六種對象）來對應：

色、聲、香、味、觸、法。

之後把兩者合起來，就生出下列六識：

眼識、耳識、鼻識、舌識、身識、意識。

最前頭是六入，也叫六內處，其次為六境，也叫六外處，合稱十二處，加上最後六識，叫做十八界（界即要素）。這種分類法在初期佛教似乎稍晚才成立，到後來部派佛教就討論得熱烈起來。

緣起（十二因緣）

由上面五蘊，和六入說，發現佛教當初很擅長分析與綜合問題，而最典型的例證，恐怕是緣起說了。

上述緣起說之一——十二因緣說，被看作佛陀成道的內容，但在初期佛經上發現不少因緣說遠比十二因緣簡單多了。所以，把十二因緣當作成道內容，顯然是後代編輯經典者的作為，缺少十二這個固定數目的緣起說的原形，也許才是成道的內容也說不定。

舍利弗成了佛弟子在經典上記載都一致，阿說式那則「因緣頌」的內容如下：

諸法因緣生，

真理的悟得者（如來）說出這些因緣。

且也說諸法因緣滅。

偉大的修行人就這樣說過。

這是從因生的一種因果律（緣起說的一側面），依據這種回答，才使舍利弗與目連率領二百五十名弟子去投奔佛陀，果真如此（準確率極高），那麼，我們可以說緣起的思維是相當早的事。

雖然「緣起說」提到「緣」與「起」，但初期佛典所說的緣起說，倒不一定明白敘述相緣支分，所謂緣起這種抽象原理（這是跟後代的緣起說不同之處），它的意思單純指「緣」而已。換句話說，初期佛經只提——例如緣於A才會生出B，同理，B緣於A才會生起；離開具體的A與B那種緣起說，不是初期的說法。下列幾件實例取自『經集』，敬請參閱一下。

862 鬥爭、爭論、憂愁、悲傷、吝嗇、傲慢和誹謗等，都是從哪兒出來的呢？從哪裏引發的呢？說說看吧！

863 鬥爭、爭論、憂愁、悲傷、吝嗇、傲慢和誹謗等，都是來自嗜好。爭論與鬥爭伴隨著吝嗇，發生爭論時，就引起誹謗。

864 人生在世，嗜好是緣何而起的呢？還有世間的濫貪是緣何而起的呢？人對來生所懷抱的希望及其成就是緣何而起的呢？

865 世間的嗜好，和世間的濫貪是緣自慾望而來，還有人們對來生所抱的希望及其成就也緣自慾望而來。

866 世上的慾望緣何而起呢？還有形而上學式的斷定是從何而起呢？憤怒、虛言、疑惑及沙門所說的各種主張，是從何而起呢？

867 依循世上所謂快樂與不快樂而生出慾望。看到各類物質存在的生起與消滅，世人降低受制於外在事物的斷定。

868 憤怒、虛言與疑惑——諸如此事在快樂與不快樂兩者存在時會呈現出來。有疑惑的人應學智慧之道，沙門明白才會說出各種事情。

869 快樂與不快樂是緣何而起呢？沒有任何情狀時，難道也會呈現這些事情嗎？

還有生起與消滅這種意義，就成了它們的緣，將這些告訴我吧！
870 快樂與不快樂緣於接觸才生出來，接觸不存在時，這些也不存在。生起與消滅這種事情的意義，以及成就它們之緣的東西（接觸），就是我要告訴你們的事。
871 世上的接觸是緣何而起呢？還有執著是因何而來呢？沒有什麼東西存在時，難道沒有我執存在嗎？某些事情消滅以後，果然就沒有接觸嗎？
872 接觸依循名稱與形態而起，各類執著緣於欲求而起。沒有欲求時，我執也不存在，形態消滅時，就沒有接觸的運作。
873 怎樣運作才使形態消滅呢？樂與苦怎樣消滅呢？你告訴我消滅的樣子，我想知道這個——我這樣想了。
874 既非想有，亦非想錯，既非不想，亦非想的消滅。這樣運作事物的形態消滅，但世界的擴大意識是緣於想而起的。
1037 由於認識作用消滅，名稱與形態也沒有保留地消滅。

可見生起與消滅的問答，發生在初期佛教時代，有人問：「苦緣於什麼而起呢？」答說：「緣於老死才生出苦。」之後又問：「老死緣於什麼而起呢？」答說：「緣於生才出現老死。」「生緣於什麼而起呢？」「緣於生存（有）才出現生。」等等，這樣追溯生的順序，而進行一連串思索。這樣進行之際，也同時問說：「苦緣於什麼才消滅呢？」答說：「緣於老死的消滅，才出現苦的消滅。」接著問：「老死緣於什麼才消滅呢？」答說：「緣於生的消滅，才出現老死的消滅。」朝向這條思索路線去實踐（叫做滅觀），譬必會引發這些問題來。

不論如何，從苦開始（話雖如此，苦的問題不久會消失，再從以下的老死開始）到老死，從老死開始到生，從生到有，依序往上追溯，就到渴愛（停在此處，或再往前進）或到名色、或到識、或到最後的無明。途中有不少停頓的例子，直到無明這一類（十二）因緣說是最完備的。十二項列舉於下：

無明、行、識、名色、六入、觸、受、愛、取、有、生、老死、（悲憂苦惱）

這是從上而下的排列順序，故叫順觀——「因為無明的生起，才會生起行」。反之，另一種逆觀是——「因為無明的消滅，才會使行消滅。」待十二因緣說完備後，才捨掉無明等各支，例如：

此有故彼有。此生故彼生。

此無故彼無。此滅故彼滅。

這就是原始的、抽象的緣起說的接連情形（但極少獨立敘述的情形）。一旦形成這種定式，接著，便有人說：「不論佛有沒有出世，反正這套緣起的理法早就存在（既定的事實）。」甚至有人進一步說：

見緣起，即是見法。見法即是見緣起。

沒錯，說到這裏的主題，例如四諦說裡，即使有集諦與滅諦，用順觀與逆觀來說明緣起的理法，都不無可能了。

之後，不論在部派佛教、大乘佛教或中國佛教方面，緣起說都得到很大的發展，在佛教的中心思想裏佔有最重要的地位。

慈　悲

誠如上述，在初期佛教裏，所謂愛這個名詞，無疑表示渴愛，即慾望或煩惱的根源而被人相當嫌棄。愛是自我中心，也常常轉作憎怨之意。在歐洲，如眾所周知，追求別人多半屬於性愛（相當於希臘神話所指的愛神），相對的是沒有報酬的愛——博愛，他們都從基督教裏耳熟能詳了。

這一來，初期佛教就排斥愛，而採用「慈悲」一語。於是，世人把佛陀說法解作他對待天下眾生的慈悲行，因為佛陀向天下芸芸眾生展示慈悲，到處宣示自己悟解的真理。

慈悲一詞，本來是把慈與悲兩個不同字結合起來，在梵文裏，慈叫「麥脫利」或「麥脫拉」，原來來自「米特拉」這個字，而「米特拉」意謂朋友、親密之物。所以，慈表示真實友情、純粹的親愛之情。悲叫「卡爾納」。巴利文與梵文都同一形式，一言以蔽之，它意謂憐憫、同情。慈與悲在內容上很相似，若要加以區別的話，那麼，慈是給人快樂（與樂），而悲是除掉別人的苦惱（拔苦），但有時也反過來應用，多半情況是把慈悲兩字連在一起用。

『經集』有十首偈語解說「慈經」，就是——

143 那些通情達理的人，處在內心平靜的境界，就會呈現以下情狀——一定有能力、正直、正確、言說溫和、不傲慢。

144 知足、有教養、少雜務、生活也簡樸、諸種感官都很平靜（不衝動）、聰明、少勇猛、家裏不會貪婪。

145 決不會以惡劣態度接受有識之士的指責。一切有情眾生都很幸福、泰然自若、安樂。

146包括所有生靈、膽怯者、剛強者統統都在內，長的、胖的、中的、矮的、細微和粗大的……。

147眼睛看得到的、看不到的，住在遠處和近處的，已經出生的、今後要出生的，天下所有眾生都能幸福。

148任何人都不會欺負別人，不論在哪裏都不會輕蔑別人，不會懷有惱怒的想法，亦不希望給人痛苦。

149彷佛母親用身體護衛獨生子一般，對待一切眾生，也能生起無量的憐憫心。

150也對全世界修持無量的憐憫（慈）的心意。對上對下和左右，無礙無怨（應該生起慈愛心）。

151不論站的、步行的、坐的、臥的，只要沒有睡著，都要努力給予這份慈愛心。在這個世間，不妨稱這種狀態為最高境界。

152不拘泥於各項邪見、持戒、有知見，除去自己對各種欲求的貪念，這種人大概不會再投宿於娘胎了。

還有人結合慈悲之外，再加上「喜」與「捨」。喜是跟他同喜，也讓別人歡喜，而捨是寧靜，縱使給人東西，也會很寧靜，不會希望對方回報。所以，這也不妨稱為無條件、無報償的給予，時時和處處擴大慈悲喜捨的心胸，叫四無量心。

平　等——

佛陀不會只對某些人說法。不論是誰，只要對方提出問題，或訴苦時，都會給予適當的答覆。親自實踐平等的教義。

當時，印度流行人類不平等的喀斯特制度了。佛陀不但不予理會，反而改變它的內容。換句話說，雖然婆羅門被看作德高望重的人，但依佛陀看來，他們是因為出生於婆羅門家庭，只有本人的行為表現才是正確的標準。

『經集』有下列幾句解說——

650 既非由出生而做婆羅門，亦非由出生而當非婆羅門。既靠行為而做婆羅門，也靠行為而當非婆羅門。

462 別問出生，而得問行為……縱使生在貧賤家庭，只要有聖者那份堅強的道心，能以慚愧心慎重修持，也能成就高貴的人。

由此可見，婆羅門即是高貴者的根源在於本人的行為。

621 切斷一切束縛，沒有恐怖，超越執著而不被拘束的人——依我看，這種人可稱婆羅門。

635 不會拘泥，徹底開悟而達不死境界的人——依我看，這種人可稱婆羅門。

在教團內徹底落實這種平等觀念。其間，既無出身婆羅門而高居上位者，亦無出身奴隸而屈身下位者。出家前的階級，或身份上的區別統統不存在，全都成了「釋子」。教團內的席次由出家以後的修行年數來決定。

教團與實踐

佛教教團叫做僧伽，這可能是最初有一群佛弟子追隨佛陀師尊而形成的。一個人的力量薄弱，縱使很快會退轉，若能以教團成員的身份，跟其他同修的佛弟子交往或交換心得，也能自動強化力量，和深刻的反省。佛陀因為要領導大家涅槃，致使教團空氣也接近這項目標。這一來，凡是投身於教團的人，就會全力以赴，追求智慧與覺悟了。

佛弟子有出家人與在家人兩種。出家男性叫做比丘，女性叫做比丘尼；在家男性佛教徒叫優婆塞，女性叫優婆夷。比丘意謂「行乞者」，靠信徒的布施來生活，意謂「侍候者」，侍候出家人，布施他們的衣食等生活，且要接受他（她）們的指導，以上稱為「四眾」。

後來，隨著教團逐漸擴大和發展，又有未成年出家人叫沙彌，與沙彌尼；女性在出家前兩年則以學真女的身份渡日，加上上述四眾，便共稱七眾了。

不消說，教團也是一個集團，其間一定要保持集團的秩序。這一來，就產生一套維持秩序的規則；這叫做「律」。關於這件事，不妨稱為隨犯隨制；這是由於破壞秩序的行為發生而制定出來的，後來就愈來愈複雜了。

若有人破律，當然有罰則，先在自己內心告白懺悔，更重時得在別人面前告白懺悔；倘若情狀更嚴重時，就決定驅出教團了。這些規則聚集起來叫做「波羅提木叉。」

律有上述的他律與自律性的「戒」兩種，後者是自發地向心發誓要遵守，一旦破戒，有過錯或失誤要後悔，它也不是特別相當於罰則的東西。

在家佛教徒要遵守以下五戒：

(1)不殺生戒——不殺生靈。
(2)不偷竊戒——不偷。不接受不該得的東西。
(3)不邪淫戒——不亂搞男女關係。
(4)不妄語戒——不撒謊。
(5)不飲酒戒——不喝酒。

還有經典(『長部』第一卷一二四頁)上記載:

智慧靠戒來清淨,而戒也靠智慧來清淨。智慧如戒,戒如智慧。凡能守戒者就有智慧,凡有智慧者都能守戒。戒與智慧,可稱世上的最上物。

在『經集』也有一偈語:

174 經常持戒,就有智慧,善於統一心念,只有肯內省和思惟的人,才能渡過難渡的激流。

聚集以上的解說,落實於初期佛教,便叫「戒、定、慧」三學,後來加上解脫,以及解脫後的自覺(解脫知見),總共有五項,同時才對這五項一視同仁,之後按照順序,結果發展成一套怎樣得到解脫知見的秘訣。

第二章　部派佛教

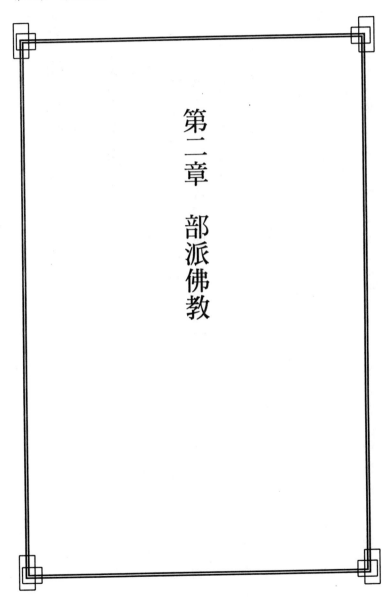

第一節　部派的成立

教團的發生與成立

最初期的佛教，不論出家人或在家人，基於社會上有許多人敬仰佛陀，致使除了佛陀之外，連佛弟子也到處去宣揚教法。這一來，佛教主要在中印度一帶擴展起來了。佛滅後，佛教也能持續發展，致使佛教擴展到整個中印度。同時向西方和西南方向傳遞，最後幾乎到達阿拉伯海了。

信奉佛教的集團，以教團為中心到處聚集和形成，才會愈來愈發展。這樣一來，為了普及到一般民眾，佛教就滲雜印度的輪迴思想，一面將佛陀上輩子的生涯編造出許多故事——『本生譚』，一面收集佛陀和佛弟子的骨灰，放進塔裏，形成了佛塔崇拜的習慣。塔的崇拜，就是把塔建造得很精美，在門和欄楯上雕刻動人的裝飾。例如菩提伽耶的遺跡、桑吉塔、帕佚脫塔等都是這樣建造出來的。

隨著教團的發展，自然有許多人來參與各類集團，而且成員份子形形色色，十分複雜。這一來，就表現出明顯的態度和立場了，結果形成保守派長老們，和進步派佛教徒的對立。前者想要僵持古代傳統，而後者人多勢眾，反而訴諸彈性，緩和某種程度的傳統作風，比較自由一些。

其間出現所謂十事的問題，那都是關於戒律的問題。尤其接受布施的時候，到底可不可收受錢財呢？雙方成了很大的爭論。保守派認為不可以，而進步派卻予肯定了。

在這種情狀下，保守派的長老們就在毘舍利召開七百人的會議，舉辦一場自己所奉行的聖典結集。反之，進步派或改革派的比丘們也聚集一萬人，舉辦自己的結集，宣稱脫離原來的教團而另行獨立了。

前者叫上座部，後者人數眾多，故叫大眾部。這一來，保守派與進步派就完全分裂了。而這叫做根本分裂。本來，佛滅後以大迦葉為首而召開過聖典結集——第一結集，而今上座與大眾兩派各自舉辦的結集，就叫第二結集。

世人以為第二結集大約在第一結集以後一百年成立的，誠如前述，印度一向不太熱衷中央集權，當時到底有那些教團、比丘、比丘尼和信眾從各地前來參加呢？令人非常懷疑。

發生了根本分裂後，又再而三發生分裂。在以後一百年裏，大眾部體系開始細分，接著一百年間，上座部系統也開始細分了，這叫做枝末分裂。兩者合計有十八部派的新成立和傳說；這些加上根本兩部，就稱為「小乘二十部」，跟後來興起的大乘佛教站在一邊，這次分裂大概在紀元前一百年前後就完畢了。

在諸部派裏，上座部系統的說一切有部（簡稱有部）、正量部、化他部、經量部、犢子部以及南傳的上座部等，都留下重要的資料。

阿育王

紀元前三二七年，希臘的亞歷山大大帝捲席了波斯帝國後，乘勢入侵印度西部，打敗印度軍，便在各處建築希臘系統的都市基礎，次年返回西方，客死於巴比倫途中，年僅三十三歲而已。

在那以前，印度從來沒有過統一國家的經驗，而今才趁這次外患的契機，好不容易看到民族主義的機運來到。

紀元前三一七年左右，摩竭陀國的蔣脫拉古普達在恆河平原推翻南陀王朝，併吞鄰近諸國，而創建了孔雀王朝。蔣脫拉古普達又從印度西北驅逐希臘人，同時打敗入侵的敘利亞軍，幾乎在全印度建立第一個大帝國。他成功的原因，不外利用摩竭陀國那些豐富的財富和特殊的戰車等卓越的軍事技術。首府設在帕塔利普特拉，採用宰相卡特利亞的賢明政策，而使這個大帝國的前景看好。

蔣脫拉古普達的兒子叫賓多莎拉後來繼位，之後傳子給阿育王（紀元前二六八年～二三二年）時，孔雀王朝的聲勢達到巔峰。

阿育王即位後第九年，平定最後一個地方——東南沿海的迦陵迦國，總算在整個印度半島建立了霸權。那次戰役中，死傷擄獲而被酷刑的人多達十幾萬，甚至連與戰爭無關的一般百姓、畜獸等都慘遭傷害，讓他深以為恥，於是成了虔誠佛教徒。他大力倡導一般的法，當作政治理念，而這也與佛法相通。

為了要讓廣大民眾了解這套政治理想，便詔勅在領土各處建立許多大石柱，也在國境磨平岩石的壁上刻出這項崇高信念，這即是著名的阿育王碑文（其中一根現在仍存於印度邊境，大體上能解讀出來）。

由於阿育王自願皈依佛教，才使佛教趁機擴展到全印度各地。之後，他又派王子瑪希陀長老去錫蘭，錫蘭人喜不自禁，十分歡迎，致使錫蘭成為上座部（也叫長老佛教）的一大中心。阿育王不僅支援佛教，也同時保護婆羅門教、耆那教、阿吉維卡教等宗教。這一來，印度各地都開闢完整的道路，路的兩邊植樹、挖井、建立倉庫、以備急需，設置布施場，救貧濟困，並設立醫院，拯救百姓，反正推行不少善政。

百姓目睹這樣強大的統一國家和理想的帝王，不禁額首稱慶，以為是轉輪聖王（普遍的帝王）的出現，而這個名詞也佛經各處，以及印度教、耆那教的聖典上時有所見。

孔雀王朝日漸衰弱，到了紀元前一八〇年左右就滅亡，致使印度又開始分裂了。印度西北部有希臘另一批新人建立王國，其中非常強而有力的是彌蘭陀王（紀元前一六〇年左右），擁有從阿富汗到中印度的一片土地。表面上，他信奉希臘諸神，實際上卻十分熱衷於佛教。

結果，彌蘭陀王曾跟一位那先比丘舉行問答，他們的對話一連兩天，到了第三天，國王終於成了佛教徒。這段話有佛教的資料為憑。他們的對話集叫做『那先比丘經』。其間，充滿希臘式的思惟和印度的（或佛教的）思惟，雙方互較長短，算是非常有趣的資料。

第二節　阿毘達磨

定義文獻

部派佛教的文獻叫做阿毘達磨（Abhidharama, Abhidhamma），音為阿毘曇，簡稱毘曇）。阿毘（abhi）意謂「對」、「關於」、故阿毘達磨譯作「對法」，意謂「法的研究」。此外（尤其是巴利上座部）有「勝過」與「過去」之意，故也有指阿毘達磨是「勝法」。

這裏所說的「法」，大概相當於「經」，指「佛語」者也。所以，阿毘達磨來自經的註釋。把經上所說加以整理，重新解說與修正，又提出新問題，也予回答，它所以稱為「論」者，即依據以上所說。

阿毘達磨的文獻逐漸增加，就形成「阿毘達磨藏」，就是指「論藏」。

巴利上座部的論藏由下列七種所組成（按成立順序，而下面數字是錫蘭的受持順序）。

『人施設論』（Puggalapaññatti） 4
『法集論』（Dhammasaṅgaṇi） 1
『分別論』（Vibhaṅga） 2
『界論』（Dhātuvibhaṅga） 5
『雙論』（Yamaka） 6
『發趣論』（Paṭṭhāna） 7
『論事』（Kathāvatthu） 3

以上屬於巴利文的「論藏」，此外還有不少巴利文論書，但都被看作「藏外」（例如『那先比丘經』及其他）。

藏外文獻中，比較重要的有二世紀的『解脫道論』（Vimuttimagga），五世紀的『清淨道論』（Visuddhimagga）。前者有漢譯，後者是以前者為底本，經過大幅修改後成立的，堪稱最優秀的佛教概論之一。還有一位佛音（覺音）幾乎對所有三藏都寫過註釋書，為量甚多。

尚有兩種歷史書也很重要，一是『島史』（Dipavaṃsa），二是『大史』（Mahāvaṃsa）。前者很老舊，後者很詳細。

在印度，上座部系的部派裏，最強而有力的說一切有部（簡稱有部）也有七種論藏，通常叫『六足發智』，成立順序如下——

『集異門足論』（Saṃgitiparyāya）

『法蘊足論』（Dharmaskandha）

『施設論』（Prajñaptiśāstra）

『識身足論』（Vijñānakāya）

『界身足論』（Dhātukāya）

『品類足論』（Prakaranapāda）

『發智論』（Jñānaprasthāna）

其中，『發智論』稱作身論，而其他叫足論。『發智論』在紀元前二世紀，屬於迦多衍尼子的力作，對於有部的教學方面有過重大貢獻。

除了上述以外，正量部有『三彌底部論』（Sāṃmitiyaśāstra），法藏部有『舍利弗阿毘曇論』。到了更晚期（二五○～三五○年左右），就有訶棃跋摩（Harivarman）的『成實論』（Satyasiddhiśāstra）。

玄奘與義淨到過印度旅行，依據他們的傳說，有部、上座部、大眾部、正量部、化他部、飲光部、法藏部，各自都有大部頭的論藏。

誠如上述，印度的部派以說一切有部最強而有力。他們註釋那部最基本的教科書——『發智論』，讓它發展成新學說，大約費時兩百年，終於成就兩百卷的龐然大物——『大毘婆沙論』。它不但嚴厲批判其他部派的學說，也把有部裏脫離傳統的內容統統排斥。這種純學術研究所以能夠進行，乃得力於諸王，尤其是貴霜王朝的迦膩色迦王（約一三二～一五二年在位）的護持，和其他熱心信徒贊助的莊園，使得學生可以專心研究。

無如，『大毘婆沙論』是長達兩百卷的龐然大物，組織混亂，乍見下，無異「百科全書」，所以不易讀懂，若想悲領悟其思想內容尤其困難。在這種情況下，又成就更簡捷的綱要書了。例如尸陀盤尼的十一卷『鞞婆沙論』，法勝有四卷『阿毘曇心論』，優波扇多有六卷『阿毘曇心論經』，法救有十一卷『雜阿毘曇心論』，悟入有二卷『入阿毘達磨論』等。

之後又有世親（Vasubandhu，又譯作天親，一說在三二〇～四〇〇年前後，另一說在四〇〇～四八〇年前後），著有『阿毘達磨俱舍論』（Abhidharmakośabhāsya），簡稱『俱舍論』。有梵文原本和註釋，又有玄奘譯三十卷，真諦譯二十二卷，以及藏文本等。

這些書籍深受有部人士的喜愛，尤其是詩的部份，等於『大毘婆沙論』的優秀綱要書更是如此，後來附加的註釋部份（更長），則從經量部，有時由大眾部的立場去批判，站在一種所謂「以理見長的宗旨」立場。

這一來，就引發喀什米爾有部的激憤了，換句話說，眾賢（Samghabhadra）著有八十卷『阿毘達磨順正理論』，來攻擊『俱舍論』，且又寫了四十卷『阿毘達磨顯宗論』。

但從內容，或組織體系而言，『俱舍論』不失為非常卓越的名作。所以，有部和一般阿毘達磨的研究，幾乎都來自這部『俱舍論』。

『俱舍論』的內容有八章——界品、根品、世間品、業品、隨眠品、賢聖品、智品和定品，加上附錄的破我品。

上面最初兩章表示法的體系，世間品綜合佛教獨自的宇宙觀，以下兩章完業與煩惱之後，進入覺悟世界，敘述賢聖品和智品所提如何得到覺悟的智慧，而定品說明禪定。以下都很概要地說明它的思想。

法的體系

(1)勝義有與世俗有

存在分為「勝義的存在」（Paramārtha-sat）與「世俗的存在」（saṃvṛtisat），前者即是「法」（dharma）。我們平時見慣的是自然的存在，例如瓶子，瓶子破壞就沒有了。這是「世俗的存在」。我們自身也是，樹木、花草、房屋、事輛統統如此。不過，瓶子要壞到什麼程度，才會到達最後的「極微」（Paramāṇu）地步？倘若這樣，那就不是沒有或消失了。

這種究竟的存在，不依存其他東西，它有存在的自體。這種東西叫做「勝義的存在」。若用阿毘達磨的術語說，「有實體的東西」（dravyataḥ sat），「有自性的東西」（sa-svabhāva），「有自相上的東西」（svalakṣatcḥ sat）都是「勝義有」，而這即是上述的「法」。

(2)有為法與無為法

法有能造作與不能造作兩者，前者叫有為法（Saṃskṛta-dharma），後者叫無為法（asaṃskṛta-dharma）。因為無為法不是能造作的東西，故也叫永遠的實在。有為法雖是要素性質的實在，但會變化不停，故屬於無常。例如上述的「慾」，既能變化為「精進」」（virya），也能變化成貪婪（rāga）。

無為法的代表，就是超時間存在的涅槃。有部稱涅槃為「擇滅」（Pratisa-mkhyā-nirodha）。它意謂要靠擇——（即智慧的力量）來得到「滅」。凡不依擇的力量所得的滅叫做「非擇滅」。加上所謂空間這個意思的虛空（akāśa），就有擇滅、非擇滅、虛空三種（在佛教裏，只有空間才是無為，時間看作無常的根源，故不能列入，所謂不同領域或次元）。

(3)有漏法與無漏法

漏（āsrava）就是指煩惱（kleśa），有漏法（sāsrava-dharma）就是被污染之法；而無漏法是無污染之法。上述的無為法跟煩惱沒有結合，故屬於無漏法，且上述四諦中的道諦（八正道）也是無漏法。

(4)物質

物質在佛教叫做色（rūpa），在五蘊說叫做色蘊，那是指所有物質。在十二處來說，它相當於眼根、耳根、鼻根、舌根、身根等五根，和色處、聲處、香處、味處、觸處等五處，共計十處。有部又認同不露於表面的色＝無表色（avijñapti-rūpa

）。那是實踐方面呈露之力。實踐是身體活動，生自於物質的情況。這一來，物質（色法）就有十一種了。

⑸煩惱

煩惱有許多種不同名稱，除了上述「漏」字以外，尚有暴流、蓋、結、穢、障、縛、軛、取、繫等，全是煩惱的綽號。『俱舍論』稱煩惱為「隨眠」（anuśaya）和「纏」（Paryavasthāna）。如果再去細分時，則有貪、瞋、慢、無明（無知）、見（錯誤的想法）和疑等六隨眠，其中的「見」，有身見、邊執見、邪見、見取見，戒禁取見等五見，再細分就有十隨眠。如果再擴大下去，便有「九十八隨眠」，隨眠品又說明「十纏」，加上上述九十八隨眠，就等於一百零八種煩惱（百八煩惱）。若要消滅煩惱，非一項一項去撲滅不可。

⑹心所法，心法與心地法

因為有部把人的心理作用看作各項獨立的法，故稱這些存心所法（心所有法，被心所擁有之法），五蘊裏、受蘊、想蘊和行蘊的一部分也含蓋在內。

五蘊中的識蘊，為認識主體，被稱作心法或心王。

有部把心叫做心地（citta-bhūmi）。在這塊地面上會發起各種心理作用、呈現、移動和消失。不過，它不是常常出現，也有潛在情況存在。因此，心所法可以分為大地法、大善地法、大煩惱地法、大不善地法和小煩惱地法等五種心地法，同時，另一種不會生起以上任何一類的心所法，便算不定法。

⑺心不相應行

有一種行跟心理作用不相應，就叫心不相應行（citta-viprayukta saṃskāra）。上述的心所法是跟心法相應的法，叫做「心所法的俱生」。這類心所法被含蓋在五蘊的行蘊裏。

但在行蘊中也含有一種跟心不相應之行。它既不是物質，也不是心的實在。它有十四個，恕我不在此贅述。只提其中的第一個「得」。凡夫在現實上即使不起煩惱，也具有煩惱，意謂跟煩惱緊緊相繫。此外如人的壽命，入了禪定的狀態，時間性的存在，單語、句子、單音等。

⑻五位七十五法

以上諸事若能深刻去考量，並進行各項分類，便能列出五位七十五法的範式，情狀如下：

・色法有　十一

眼根、耳根、鼻根、舌根、身根、色境、聲境、香境、味境、觸境，無表色。

・心王　一

・心所法　四十六

・大地法　十

受、想、思、觸（接觸）、慾、慧、念、作意（思念與注意）、勝解（明瞭的理解）、三摩地（不動搖的心）。

・大善地法　十

信、勤、捨（平靜）、慚、愧、無貪、無瞋、不害、輕安（爽快的心身狀況）、不放逸。

・大煩惱地法　六

無明、放逸、懈怠、不信、惛沈、掉舉（心不平靜或激盪）。

・大不善地法　二

無慚、無愧

・小煩惱地法　十

忿怒、覆（掩蓋錯失）、慳（吝嗇）、嫉（妒）、惱、害、恨、諂（拍馬屁）

、誑（欺騙）、憍（傲慢）。

・不定法　八

惡作（追憶往事、後悔）、睡眠（讓心惛睡）尋（大致查尋對象）、伺（詳查對象）、貪（貪婪）、瞋（憤怒）、慢、疑。

・心不相應行　十四

得（未來和現在具備），非得、眾同分（使人得到同等或類似之果的因）、無想果、無想定、滅盡定（這三種待入禪定後會變成無念無想）、命根（壽命）、生、住、異、滅（這四種是時間性呈現）、名身（單語）、句身（短文或句子）、文身（單音）。

・無為法　三

虛蓋空無為（空間）、擇滅無為（靠擇力即智慧而得滅）、非擇滅無為（因緣欠缺而不生之滅）。

另有以上的「五位」來自有部的思惟，所以能將以上「七十五法」嚴謹綜合者，係依據『俱舍論』的註釋。

業與緣起

(1)業

行為或實踐在佛教稱作 Karma, karman，譯作「業」也。顯然，此字來自 Kṛ 這個動詞，意謂著造作或成就。

雖說業指行為或實踐，其實不僅於此，在佛教思想方面，業——行為與實踐並非被切得七零八碎，或零零亂亂。它不是只有一個，之後什麼都不剩。「無常」的思想無異佛教最根本的思想，雖說各個行為在各個剎那，從未來引往現在，又從現在落到過去，但每個行為一定會伴隨結果，它會成就餘力或餘習，而給予下個行為某種程度的制約或影響。

換句話說，前項行為消失在下個剎那裏，在新出現的行為裏，即使有程度的落差，卻肯定能給予它相當拘束。為了免生誤解，不妨用圖式來說明，那就是未來形形色色的行為以可能性的姿態，堆積如山，然而其中只有一個會以現實化姿態，形成現在的行為。那就是搬到過去，那裏結果又跟著高深起來。

在這種狀況裏，一方面有行為的自發性或主體性，另方面有一種行為責任，業這個名詞就是這些全部的總稱（這樣浩翰、深奧的概念，在西方還未曾有過，雖然古老的「奧義書」也有單純的思想，認為業只是一種果報，但佛教卻使它擴大和豐富，以至圓滿）。

業可分身體所造的身業，出自於口的口業，心上思考的意業等三種。此外有能呈現於眼前的行為叫表業，而不能顯現的行為叫無表業兩類。

通常，大家只會單純地考量——善行生善果，惡行生惡果，由「善因善果」、「惡因惡果」而成立一套「因果報應」說。然而，環視現況時，倒不見得有這樣直接了當或單純連接。即使施以善因，結果適得其反，失敗嘆息；反之，造作惡因，往往功成名就、得意洋洋，現實上比比皆是。即使如此，但前者造善因也會得到內心的滿足，而後者種惡因也會伴隨內心的遺憾。這可用「善因樂果」與「惡因苦果」將它術語化起來。

(2)六因、四緣、五果

有部以分析性來思考「緣起」說，並追溯因果關係，以致建立起六因、四緣、五果。這個適用於有為的七十二法。

六因是指能作因，俱有因、同類因、相應因、遍行因和異熟因。其間，能作因幾乎意謂「使它如此的東西」，意思是，為了生起自己（法），其他一切法就成了助力。俱有因跟因果同時之際，就會互成因果。同類因即是上述善因善果、惡因惡果的情狀。異熟因即上述善因樂果，惡因苦果的情狀。相應因是「相互連繫」，「相互伴隨」之意，叫做心心所法的相應關係。遍行因是同類因中的特殊關係，叫做異時因果的存在。

四緣是指因緣、等無間緣、所緣緣、增上緣。其中所謂因緣者，就是六因中除了能作因之外，將其他五因歸納而成者。等無間緣就是心心所法直接——其間沒有任何仲介——消滅而生起的。所緣緣意指認識的對象。增上緣就是六因中的能作因。

五果是指增上果、士用果、等流果、異熟果、離繫果。增上果意謂優越的果，能作因之果也。士用意指「男人動作」，在此表示因的法（體）即原原本本的果體也。上述的俱有因與相應因都採用這種士用果。同類因與遍行因之果，即是等流果，這是因與果的性質同一的情狀。異熟果是跟異熟因對應出來的東西。第五項的離繫果指覺悟的事，所以，這是無為法，而沒有因。

把以上六因、四緣和五果整理後，可以圖式成下列情狀——

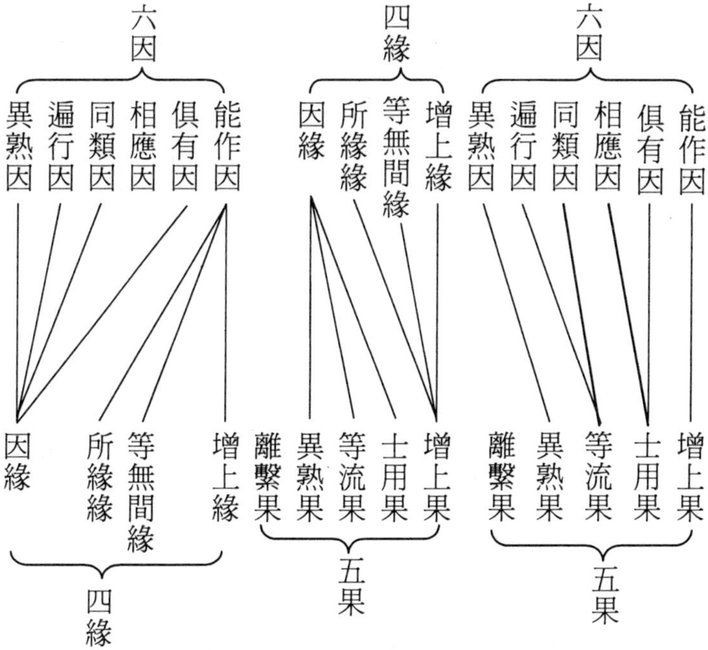
六因
能作因
俱有因
相應因
同類因
遍行因
異熟因
增上果
士用果
等流果
異熟果
離繫果
五果
四緣
增上緣
等無間緣
所緣緣
因緣
增上果
士用果
等流果
異熟果
離繫果
五果
六因
能作因
俱有因
相應因
同類因
遍行因
異熟因
增上緣
等無間緣
所緣緣
因緣
四緣

⑶業感緣起

印度人相信有生命者都會生生死死在輪迴不已。有部也採用這項論說，用十二緣起來解釋輪迴的生存，而這叫業感緣起，它不妨簡略地圖式於下：

十二緣起		
無明、行	過去世的二因	三世兩重因果
識、名色、六入、觸、受	現在世的五果	
愛、取、有	現在的三因	
生、老死	未來的二果	

無明、行、取	惑
行、有	業
識、名色、六入、觸、受、生、老死	苦

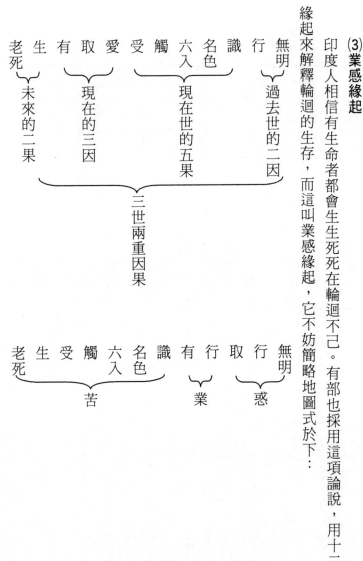

⑷四種緣起

那就是剎那緣起、遠續緣起、連縛緣起和分位緣起。

剎那緣起就是在一剎那（約1/75秒）的五蘊中，俱足所有十二緣起的情狀，亦即緣起論理的依存關係和同時緣起。遠續緣起是隔離時間的法中有緣起關係的事。連縛緣起是十二緣起的各支連續地進行剎那生滅。分位緣起是跟上述的業感緣起相同的情狀。

實　踐

歐洲的斯柯拉哲學，後來貶稱為煩瑣哲學，同樣地，阿毘達磨的議論也相當煩雜。本來，前者有神學的支撐，後者在探討開悟的途徑，那些都是他們的根本支柱，因為探究得非常精細，若不是專家，就無法參與，所以變成一群專家的獨佔市場了。結果跟群眾脫節，飽受批判；反之，它們強韌的思辯，都各自成了哲學與思想的豐富根基，也是豐碩的果實，遠源流長，留傳到後代。

實踐的目的，主要在調御自己的心，輕易動搖，時刻不定的心要能抓得穩，抓得緊，好讓層出不窮的疑惑與煩惱鎮定下來，攝心於平靜之中。因此，才使坐禪能夠欣欣向榮，藉此達到覺悟的目的。誠如上述，部派的各個教團由於生活環境很安定，各種條件也都調整恰當，致使出家人能專心實踐與精進。當然，靠自己實踐證悟，全屬自己，而不是別人。這一來，一切實踐都是自求開悟，結果不知不覺就很少去關心別人了，這就是自利，在部派的實踐方面，自利無疑到了巔峰。

不消說，任何宗教都一樣，中心人物的精英份子若不能確實掌握本派教義的本質，或真理，自然無法領袖群倫，指引本教團或集團了。於是，該教團的許多成員就會仿效領導人，自動且努力去理解本派的本質或真理，這一來，整個教團才會生氣蓬勃，活動力強，並維持旺盛的生命。

不過，宗教不是只存一部份精英份子而存在的東西，不能只標榜一部份專家而已，一定要為廣大的苦惱眾生，大量開放給一切有情眾生才對。佛陀開創佛教之初，他的教團就是適應廣大眾生的存在。而這一點也在上面談過了。

換句話說，不是自利而已，也一定要利他。倘若忘了世俗的芸芸眾生，縱使教團內部非常堅固，但教團本身也會脫離社會，被天下眾生所屏棄。這一來，回歸佛陀的活動，不久在各地如火如荼地開展，而這跟後來大乘佛教的興隆息息相關。

第三章　大乘佛教

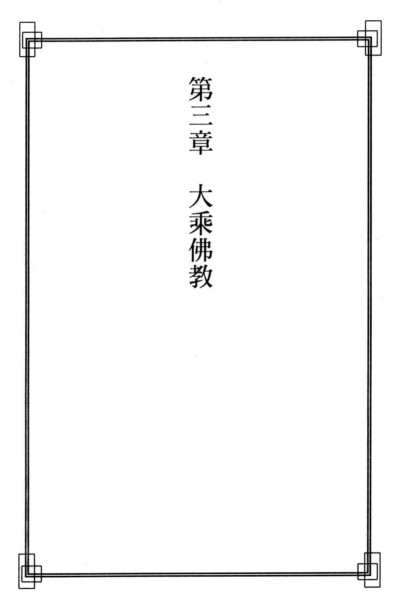

第一節　大乘佛教的興起

興起狀況

當部派佛教專心致力於難解的教理樹立，和困難的實踐之際，一般民眾和領袖們（實體不太明白）逐漸掀起一種新的佛教改革運動。這就是所謂大乘佛教（Mahayānā）。mahā 這個字意謂龐大，而 yana 意謂乘坐物，但也有人解作教誨。反之，以往傳統式的部派佛教叫做小乘佛教（Hinayāna），hina 意謂卑微、微小，這是來自大乘佛教派的貶稱。所以，部派佛教絕非自己取名為小乘佛教，且在阿毘達磨的文獻上也不提大乘佛教，完全不理會它（以前有人說大乘佛教出自部派的大眾部系統，而今的學界成果卻否定這項論點）。

傳統性的部派佛教，曾經接受國王、藩侯和長者等人，在政治與經濟上援助而擁有寬闊的莊園，存立於安定與優厚的社會基礎上，自然跟一般民眾遠遠隔離了。他們安居在寬大的僧院裏，靜靜地瞑想、修禪，並致力於煩瑣的教理研究。這種態度如同前章後面所述，集中全力於自我，置身在特定的框框裏，屬於獨善，與高傲性的階級。

這種團體自然會在意識上遠離芸芸眾生，不，而是廣大群眾在迴避他們。一般群眾所渴求的，既非這樣艱深的教理，也非過份嚴苛的實踐。若被拘泥在這種情狀下，就會迫使他們無法過日常生活。

這一來，大乘佛教的運動就逐漸升高了，將自利——利己與獨善性的佛教向廣大民眾開放，更自由伸展它豐潤的思想，尤其對於救度廣大眾生，也就是強調利他行，更是全力以赴，絕不懈怠。

有句話說：「自未度先度他」，意謂「先救度別人，再來救度自己。」換句話說，讓別人優先到彼岸——先到理想境界，之後才輪到自己。顯然，這是依據慈悲的精神。凡肯實踐這種利他行的人，統統叫做菩薩（bodhisattva）（菩薩本是成就覺悟者前的階段。所以，以前大家稱佛陀三十五歲成道前那一段為菩薩。在此要擴大佛觀之外，也要把菩薩觀向一般大眾開放，不論出家或在家，所有專心於利他行者，全部叫做菩薩）。

大乘佛教絕不是在某時某地急速興起的情況，而是經過漫長，到處如火如荼展開的運動，彼此混合連結，逐漸聚結成大乘佛教，所以，以前的佛教即使不含蓋在內，但在大乘佛教裏也含有不少佛陀的根本精神和基本立場，而那些是被部派佛教遺忘掉的東西。

諸佛

(1) 過去佛

上述印度人的歷史觀，堪稱一種回歸說。那是非常根深蒂固的。意謂歷史一定會反覆，這是印度人的想法，這種思想叫做「輪迴」，佛教也吸收進來了。且說在現實上，佛陀現身於成千上百的眾生前面。他們實際上面面相覷，聆聽佛陀的教法，且由衷地相信不疑（後來，佛陀入滅了）。倘若此事在歷史上明確地實現完了，那麼，這個舞台是依據過去，而過去世界照理說佛陀已經出現過了。那麼，現實的佛還會再來。這一來，過去佛的思想在印度相當悠久，在文獻上屢見不鮮。

那就是在原始佛教的經典裏，『長阿含經』的整篇第一經「大本經」，都在揭露過去佛，其中一節說明如下：

佛當時頌說，過去九十一劫有毘婆尸佛，接著三十一劫有佛，取名尸棄。就是在他的劫中出現毘舍如來，今此賢劫中的無數那維藏裏有四大仙人，因憐憫眾生才出世，拘樓孫、拘那含、迦葉、釋迦文。……毘娑尸時代的人們，壽長八萬四千。尸棄佛時代的人們，壽命有七萬歲。毘舍婆時代的人們，壽命有六萬歲。拘樓孫時代的人們，壽命有四萬歲，拘那含時代的人，壽命有三萬歲。迦葉佛時代的人們，壽命有兩萬歲，而今我們時代的人活不到百歲。

以下到經文結束，都在指出諸佛的出生、姓、修行、成道、弟子、姿態、教理和說法等事。自古以來，通稱以上諸佛為「過去七佛」。這一點除了跟巴利文『長部』第十四經的 Mahāpādāna Suttanta 一致外，也出現在『七佛經』、『毘婆尸佛經』、『七佛父母姓字經』、『增一阿含經』四十八・四裡，在以上諸多經典裏，名稱及其他都能一致。

為了謹慎起見，不妨重新記述七佛的名稱於下：

一、毘婆尸佛　Vipassi

二、尸棄佛　Sikhi

三、毘舍婆佛　Vessabhu

四、拘樓孫佛　Kakusandha
五、拘那含佛　Konagomana, Koṇāgamana
六、迦葉佛　Kassapa
七、釋迦文佛
其中第五佛在佛滅後一百年或二百年，也出現在所謂阿育王的碑文上。
下面一偈曾將佛教內容說得最簡單明瞭——

諸惡莫作（所有惡事都不要做）。
眾善奉行（實行各種善事）。
自淨其意（就能清淨自己的心）。
是諸佛教（這是諸佛的教法）。

這首偈語出自『法句經』——被認為最古老的文獻——一八三句。其中所謂佛者，顯然是複數。此外，這首詩偈也出現在其他不少經典上，且同樣提到過去七佛。尤其，大乘佛教也承受這項傳統，從此以後，世人統稱「七佛通誡偈」。

從上述可知佛教內部很早就有過去佛的信仰了。
過去佛不僅過去七佛而已，還有過去二十四佛的思想，意謂上述七佛以外，又有十七位佛存在，成立這二十四祖的思想，跟著那教等一致。另外也有四十五佛、五十三佛等各種過去佛思想（參考望月信亨『佛教大辭典』第五卷四四三八頁）。

(2) 未來佛

既然歷史在追溯既往，當然，未來也有再來的道理。過去七佛的最後一位佛是佛陀。他確實說過自己決不會再來人間。且在各處都反覆說：「這是自己的最後之身。」

其間，巴利文『長部』第二十六經的 **Cakkavatti-Sīhanāda S.**以及漢譯『長阿含經』的第六經「轉輪聖王修行經」中，佛陀有過一段預言說：「在遙遠的未來，會出現一位彌勒佛，現在我率領百名弟子的教團，而他將會率領千名弟子的教團。」

渡邊照宏博士推測，最古老的佛經『經集』第五章「到彼岸之道」裏提到一位特塞・彌勒，可能就是上述的彌勒佛。

梵文的彌勒（馬特雷亞）本來出自米特拉的語言。米特拉是伊朗與印度一位著名的古神，這種信仰從希臘流行到埃及。若作普通名詞用時，米特拉表示親友或善友，從此衍生一個麥特拉的名詞，意謂友情與親切。因為馬特雷亞屬於這一類字，故漢譯為「慈」，而這位未來佛也譯成「慈氏」了。隨著未來佛的信仰逐漸擴大，致使馬特雷亞佛在諸經上屢見不鮮，並呈現各種姿態。

到底這個未來在什麼時候呢？許多經典說：「更前的未來，人類奉命活到八萬歲（又說八萬四千歲）時」，或者說：「距今五十六億七千萬年以後。」

這位彌勒佛現在住在兜率天，即天上界也。從此直上忉利天，他乞求死後出生兜率天，或下生到地上，而這兩種信仰是印度自古以來的傳說。世人便依據這種彌勒信仰而編造『彌勒經』等不少經典（漢譯六部，其他巴利文、藏文和柯坦語寫的各種經典）。

他們都有一致的論點，表示遙遠的未來有理想的世界，而那個世界的主角是彌勒佛，會把釋迦牟尼佛時期不曾得救的眾生統統都救度起來。

顧名思義，未來佛即是還沒有來到的佛，這種堅強的信仰指出這位佛會出現於未來。使將來佛變成當來佛，即「應當來的佛」。未來佛除了彌勒佛以外，尚有五佛、千佛、八萬佛等各種傳說。

(3) 阿彌陀佛及其他佛——大乘佛教諸佛

以現在的釋迦牟尼佛為中心，向過去和未來擴大的佛觀，不僅是時間性的方向，不久也擴大到空間方面，尤其佛滅後五百年，隨著大乘佛教運動如火如荼地展開，聲勢浩大，又以飛躍姿態向前進展。以前在『吠陀』上說單一神或交替神，當今世界只允許一佛存在，而大乘佛教卻認同他方佛存在，觀念前進了許多。

首先認為東西南北四邊各有不同的佛存在。例如許多經典舉出東方有阿閦佛（Akṣobhya），西方有阿彌陀佛，南方有寶相佛（Ratnaketu），北方有徵妙音佛（Dundubhisv ara）（諸佛名稱出於不同經典，而有極大差異，只有東西兩佛幾乎不變）。還有四方之間各自夾個中間而變成八方，再加上下而擴大為十方。這一來才建立十佛之說。諸佛名稱也散見在許多經典上，其實不止十方十佛，光在東方就有五佛、八佛、九佛、十佛、五十三佛，此外各方也有數位佛，大乘佛教的諸經上面都列舉了佛之數目。

由此看來，在三世十方的諸佛，多數佛裏，以下面三佛最膾炙人口，而且也最重要。

①**阿彌陀佛**　阿彌陀佛的信仰結合了西方淨土思想後，聲勢非常浩大，經典層出不窮（淨土三部經），而完成所謂淨土教。淨土三部經是指『無量壽經』、『觀無量壽經』、『阿彌陀經』。其中，『無量壽經』、『阿彌陀經』都有梵文本（Sukhāvativyuha「極樂莊嚴」），亦有藏譯本；在漢譯裏，前者有五譯，後者有二譯。

前者是遠比後者更龐大的經典，故前者叫『大經』，後者也簡稱『小經』。兩者的製作前後都不詳。『觀無量壽經（簡稱『觀經』）只有一本漢譯，內容含有比前兩經更發達的思想，到底是印度人編輯的呢？還是出自中國人之手，也都令人懷疑。

這些經典在在揭示阿彌陀佛的形態。本來，在梵文裏，這位佛擁有 Amitāyus（有無限壽命、無量壽）、和 Amitābha（有無限光明，無量光）兩個名字。在中國，這些音譯作「阿彌陀」又意譯作「無量壽」（跟梵文原本對照時，Amitabha 也有「無量壽」的譯語，且屢見不鮮）。這倒不是意指兩位不同的佛，而是一佛有兩個異名，至於它的起源，也許來自那個形容詞——修飾佛陀——也說不定。

那麼，阿彌陀佛到底是怎樣一位佛呢？依照『無量壽經說』：「久遠以前有一位法藏菩薩，立志要得無上覺悟，普渡一切眾生（叫本願），長期修行後，終於如願以償，就在距今十劫以前當了阿彌陀佛。阿彌陀佛現住在西方極樂淨土。」至於他的「本願」，因為經典不同而出現不同內容，但以「四十八願」最著名。據說起初為二十四願，之後增到三十六願、四十六願。其中以下列第十八願（康僧鎧譯『無量壽經』）最出名。

「我若成佛，希望十方世界的一切善人、惡人及任何人，都能起真心（至心）

與深切的信心（信樂）、欲生我國，願往生到我的淨土，唱念南無阿彌陀佛的名號；常念相續（乃至十念），必能如願往生。只有五逆和誹謗正法者例外。」

誠如上述，因為他完成本願，才能到西方極樂世界當了阿彌陀佛。這一來，我們芸芸眾生只要聽從他的教法，一心一意持續唱念阿彌陀佛，也必能在臨終時得到阿彌陀前來迎接，來世往生去那個極樂淨土，照理說是沒有問題。時代日新月異，這種念佛的心理活動就發展下去──張口念出「南無阿彌陀佛」。這六字的稱名念佛，在中、日兩國佛教界尤其盛行。

這種思想不僅出在淨土三部經，連『法華經』、『華嚴經』等兩部一直被看作大眾佛教經典的代表也都提到了。

②藥師如來　意謂這位佛要下來解救眾生的苦惱，不時被叫做「醫王」、「大醫王」。強調他在救苦救難之餘，也把他當作「醫藥權威」。

依據『藥師如來本願經』上說，東方有個世界叫淨瑠璃，而那個世界的佛是藥師瑠璃光王如來，即藥師如來（Bhaisa-iyaguru）。這位如來在當菩薩的時代，就發下十二大願，最後成就願望，才當上如來。其中第七願是這樣──

「諸患逼迫，無護無依，遠離一切資生醫藥者，聽到我名，眾患悉除。」

信仰藥師如來的實況，在印度沒有資料可查，它起自敦煌，傳到中、日兩國佛教，好像從更早以前就流行的樣子。不過，後來被阿彌陀佛的信仰取代了。

還有從藥師瑠璃光如來開始，又另外建立六佛，故有些經典上列舉七佛藥師。有人說也許這七位佛歸依藥師如來一位，而這種論點也似乎頗有力量。

③毘盧舍那佛、大日如來　原名是 Vairocana。有時附上 Mahā 字。當然，毘盧舍那是音譯，有時也省掉毘字。有人意譯成遍照、光明遍照、淨滿等名號。這位如來在宗教學上相當超越一切的最高神。依照初期佛教經典『雜阿含經』第二十二說，把他比喻為太陽，才從此譯出「大日」這個名詞，即大日如來也。

『華嚴經』所說的世界，叫做蓮華藏世界或華嚴莊嚴世界，那就是毘盧舍那的理想落實後的世界。它的每一部份又有無數國土，各個國土上有佛住著，他們跟毘盧舍那保持不即不離的關係。意指每個裏有全體，全體中又有個體，相互融通，成為優美的調和。日本奈良的東大寺那尊大佛，具現了這種理念。

關於這位佛的情狀，在『梵網經』、『大日經』等經上部說得很明白，而且聲名卓著。

(4) 佛身論

顧名思義，佛身（buddha-kāya）就是「佛的身體」。隨著佛教思想的發展，尤其在大乘佛教裏呈現形形色色的佛身論了。

例如佛陀八十歲入滅，不過是一種方便說法，旨在教誡世人明白「無常之法」。其實，佛自久遠以前開悟，教化眾生以來，永遠致力於教化工作，永遠沒有消滅，而是常住不滅的存在。這一來，所謂「久遠本佛」的思想一直被人重視，尤其『法華經』強調得最透徹。

由此可知，八十歲入滅的佛陀肉身叫做「生身」或「色身」，而常住不滅的形象叫「法身」（其實法身說起源於部派佛教〔小乘佛教〕，意指佛到底有沒有煩惱呢？從這項爭論裏生出兩種意見，有煩惱叫生身，無煩惱叫法身）。後來，從「生身」中導引出「報身」、「應身」（化身）等論點。

換句話說，報身指菩薩修行結果所得到的身體，菩薩為了救度眾生，常在芸芸眾生面前，適應各個不同眾生的需要，而呈現形形色色的姿態，這就是應身或化身（變化身）了，以上即是術語化的三身說。

此外，報身也叫「受用身」，它分為自受用身和他受用身，前者指自願承受果報，後者指為其他眾生展開說法，若跟上述的法身與變化身合併，便等於四身說，此類經典也為數不少。

上述的法身，即所謂理念上的佛，或是理身，這種法身佛（跟生身佛一樣）說法的思想，已在上面毘盧舍那那段提到過，日本人原原本本地信仰這種法身說法的觀點。

⑸ 菩薩

由於大乘佛教的佛不斷擴大，致使菩薩也隨著伸展了。在小乘佛教裏，一提到菩薩，只限於釋迦牟尼佛（佛陀）。充其量也只加上彌勒菩薩而已。但大乘佛教裏有眾多菩薩，信徒相信不疑，例如下面情狀——

①、觀音菩薩、觀世音菩薩、觀自在菩薩。中國、西藏、蒙古和日本等地都是大乘佛教很興盛的國家，幾乎可以說沒有其他任何一位菩薩比得上這位菩薩的信仰那樣普遍和龐大聲勢。昔日在印度也一樣，由各種資料可以獲悉觀音信仰在當年印度的盛況。

這位菩薩的原名是 Avalokiteśvara 若把 ava（普遍）lokita（lok 觀）結合 Svara（音）的話，便成為觀音或觀世音，若再加上 iśvara（特別卓越的人，自在）時，便是觀自在。眾生只要念出這位菩薩的名號，觀察世間的聲音，就馬上去救度眾生，或觀照查知一切眾生的欲求，立刻讓他們如願以償，而它就是這位菩薩的起源。

目前在日本深受信徒誦讀的『法華經』普門品，也叫『觀音經』，那是讚美觀音的經典，而普門卻意謂他環視各方面。

觀音菩薩為了救度眾生而呈現的身份或姿態也是形形色色，多彩多姿。尤其，家喻戶曉他（她）有三十三種姿態，且有女身的觀音像。此外有十一面觀音、千手千眼觀音、不空羂索觀音（羂索是羈絆的繩子，用來救度芸芸眾生）、馬頭觀音等，全部是為了救度天下眾生而呈現的面貌、姿態與形狀。

②、文殊菩薩。文殊師利（Mañjuśri）簡稱文殊，不時出在大乘佛經，以佛陀的代辦者姿態扮演活躍的角色，信徒都說他代表佛的智慧。

③、普賢菩薩（Samantabhadra）。表示實踐與意志，那就是發願又肯實行。如眾所周知他騎白象的姿態。

④、勢至菩薩，又叫大勢至菩薩（Mahāsthānaprāpta）。他有智慧及慈悲的龐大勢力，故能救度芸芸眾生。

⑤、虛空藏菩薩（Ākāśagarbha）。是象徵無限知性的菩薩。

⑥、地藏菩薩（Kṣitagarbha）。即意謂大地的根源。在中、日兩國，隨著末法

思想的盛行，地藏菩薩特別流行。換句話說佛陀已經入滅，而彌勒佛又尚未出現前的長期間內，一切眾生都持續在六道（地獄、餓鬼、畜生、阿修羅、人、天）輪迴，叫苦連天。尤其，在佛法衰微的末法世界，更是苦惱遍地。於是，佛教徒信仰地藏菩薩會在連續不斷的苦惱下，充當一位現世與來世的救濟者。尤其在中國的來世觀裡，據說地獄之王——閻魔王等十王會審判死者，那麼，地藏菩薩會站在賽河原上拯救死者。這種思想也傳到日本去了。

誠如上述，其他佛像和菩薩像等全部有頭髮，只有地藏菩薩剃頭，呈現比丘姿勢，這無疑是他的特徵。因為他要巡視六道，救度芸芸眾生，故有許多調查六地藏的禮拜之例子。

在日本，不論那一宗派，信仰地藏的風氣非常普遍，路旁、山上、露天等處處都有人供奉這位菩薩像，致使男女老幼都很親近他。

⑦、此外，有著名的日光菩薩、月光菩薩等。

⑧、以上是從某種理念產生的菩薩，另外有現實上表現積極的優秀高僧，也被人稱為菩薩。不論中國、印度和日本都不乏這群菩薩。例如龍樹、世親、竺法護（敦煌菩薩）、道安（印手菩薩），還有行基、日蓮（大菩薩）等。

⑨、但是大乘佛教的菩薩觀所指向之處，更加廣泛與深遠。菩薩就是要具有當菩薩的資格，換句話說，只要是菩薩，以後必然能夠成佛作祖。由於大乘佛教的發展，顧名思義，這些菩薩都相信佛教的悟（真理），肯邁向開悟的目標精進，凡是這群眾生都被解作菩薩，所以，我們每個凡夫都有成佛的潛力或可能性。大乘佛教中期（紀元三～五世紀）左右成立的『勝鬘經』、『如來藏經』和『大般涅槃經』等經典，都很明確地說明這種傾向，以如來藏與佛性等等專門術語的姿態登場，至於這種如來藏思想將留待下章敘述。

大乘佛教的起源問題

乍見下很龐雜，大乘佛教的起源或源流有下列四點：

第一，是從部派佛教發展或飛躍起來。沒錯，大乘佛經上也不時看到部派佛教所用的術語。其實，大乘佛教有自己的新思想，只不過借用部派佛教古老與傳統的用語，若說大乘佛教是從一支部派直接發展或飛躍而起，那就不適當了。

第二，要提到佛陀傳這種文學（佛傳文學）。從初期佛教以來，佛傳文學就逐漸發表，雖然當初出自部派佛教裏，不久卻脫穎而出，竟發展成一種「讚佛乘」的文學。各種譬喻作品在紀元後二世紀，出現馬鳴、摩咥哩制吒等人的優秀文學作品。

第三，要提到佛塔信仰。佛塔本來是保存佛陀和佛弟子的骨灰及遺物的地方，但數量逐漸增加，規模也日漸龐大起來。阿育王在各地建造佛塔，馳名於世，還有桑吉、菩提伽耶、巴爾夫特等地都有壯觀的佛塔。由此可見數量相當多。若讀初期的大乘佛經如『法華經』、『阿彌陀經』等，會發現佛塔的記載層出不窮。本來，佛塔是在家信眾捐獻的東西，由在家信眾來護持。但後來出現專人守護佛塔，他們既不是全屬在家信徒，也不屬於特定部派——教團。意謂他們不過是一群管理人而已，但也是佛塔的護持者，進一步成為一群專門鼓吹佛塔信仰的人。

第四，隨著上述佛、菩薩的增加，依據心性清淨說——引據部派的一部份，實際上出現許多無名的佛、菩薩，他們的論說有高度的宗教性，形式上也跟初期經典完全一樣，足以激發眾生，喚起大家的共鳴。這些人不屬於任何部派和教團，卻能造作大乘佛經，也就是符合佛說的經典，其間銜接新思想或初期佛教，以致促使這種思想發展起來。而今所能想到的大概有以上四點，以外也許也含有大乘佛教的起源在內。

反正佛教不同於其他耆那教或印度教，它生出大乘佛教，開展一種佛教的革新運動。這一點使初期佛教裏那種世界宗教方面的成長嫩芽，更加開放和擴大了。

第二節　初期大乘佛教經典

般若經

在許多大乘佛經裏，「大乘」（**Mahāyāna** 意譯成「摩訶衍」）一詞最先出現在『般若經』。這個意謂『般若經』可以看作大乘佛教開路先鋒。

『般若經』是『般若波羅蜜經』的簡稱。若加上「摩訶」，就叫「摩訶般若波羅蜜經」，這種稱呼為數不少。「摩訶」是 **mahā** 字的音譯，意謂「大」也。「般若」是 **prajñā** 字的音譯，也意譯作「智慧」與「慧」。通常，它既非分析，亦非綜合與理論，而是直觀性的認識與體驗。「波羅蜜」是 **Pāramitā** 字的音譯，該字源於 **Parama→Pārami**，加上 **tā** 就被當作抽象名詞，因為意指最上等，和完全，故意譯為「完全」。但在中國和西藏都這樣解說：**Pāra＋i＋ta**，**Pāra** 是指彼岸，**i** 是指「去」和「度」的意思。所以，此字被當作「度彼岸」、「到彼岸」，又簡稱為「度」

。般若波羅蜜就有兩種解釋，一是「智慧的完成」，二是「靠智慧到彼岸」。

『般若經』的類別非常多，光是漢譯本就多達四十多種，還有梵文本與藏譯本等。其中最著名的是，所謂『小品』與『大品』（兩者都叫『摩訶般若波羅蜜經』，鳩摩羅什譯，其他尚有不少異譯本）。『金剛（般若）經』、『（般若）理趣經』、『般若心經』及其他，玄奘譯出六百卷。『大般若波羅蜜多經』（除去『般若心經』），乃是所有『般若經』的集大成。

至於這些『經典』的成立問題，則有『小品』（梵文叫『八千頌般若』）與『大品』（梵文叫『二萬五千頌般若』）的新舊之分，早在漢譯開始，便已經過千年以上，議論紛紛，而今學界都認為前者是舊的，後者是將前者擴充出來的。還有『小品』裏也有新舊之分。據後人推測最先部份屬於最舊的，應該叫它『原始般若經』。再從術語上說，它完全沒有用到「大乘」或「空」等名詞，但它的思想卻在『金剛（般若）經』上說得很清楚，所以把它看作早期成立的東西。

所有『般若經』所提的思想或內容，大體上有以下兩點：

第一是「空」（Śūnya, Śūnyatā）的思想，若從存在論與認識論方面說，空是「沒有實體」：若從實踐上說，空是「不執著」、「棄執著」，不論那一種，反正都連貫嚴格的否定。

誠如上述，部派佛教中最大的實力者是說一切有部，它雖不是單純的實在論，卻很強調法的實有。它用自性（svabhāva）或自相（svalakṣaṇa）這個名詞來彰顯，而不把其他事物看作必要。它本身就意謂存在的東西，相當於本體或實體（西方哲學叫做 Substanz）之物。它用來對抗那種確立堅強體系的情狀，所以，『般若經』首先高聲宣稱它的否定性。於是，才採用「空」這個名詞了。本來，這裏所謂空，乃是相當直觀性的（有些學者叫它神秘主義）東西，理論的說明，則非提到龍樹不可，而這裏所謂自性的否定，亦即無自性（niḥsvabhāva），無自性的論據是緣起（pratityasamuitpāda），則一點一點在進行中。換句話說，一切事物都有彼此依靠，相待與相關等關係存在，其間不認同自立存在說。

不過，『般若經』所謂「空」有較多實踐層面，而少有理論方面。不拘泥於一切事物，遠離執著，通行無礙。倘若熱衷於不執著，而被拘泥於這件事的話，那就必須離開這件拘泥（「空亦復空」）。提示這種實踐——「不拘泥」的深化，如果反過來思考，會發現在初期佛教期間，佛已經揭示過這種「無記」態度，而今再來復習一番而已。

如眾所周知，『般若經』有一句話——「色即是空，空即是色」，它意指色——一般物質都沒有實體，沒有實體的東西即是色，也是一般物質的真貌。除了說明這一點，也同時指出不要拘泥那裏有物質，這裏有物質；不要對物質起執著，才會凸顯這件物質的真象，而這才是最簡潔的說明。

又在有部方面出現瑣索的煩惱論。『般若經』有這樣的主張說，如把煩惱看成實體的話，則無論如何都不能脫離煩惱，煩惱也是空，正因為如此，才能靠修行來消滅煩惱。這一來，空就是能夠達到無所拘泥的自由境界，而這就是覺悟（anutta-rasamyaksambodhi 音譯為「阿耨多羅三藐三菩提」，意譯為「無上正等覺」）。反之，佛教的理想境界涅槃，到達那種境界的如來，以及在生死輪迴苦惱不迭的凡夫，都同樣屬於空，這就意謂涅槃與生死，如來與凡夫，都有相依、相對與相關等關係，故不要拘泥於任何一方，兩者或兩邊都是空。

在『金剛（般若）經』裏，就把這種覺悟基礎上的狀況，叫做「應無所住而生其心」，意謂「不應該停留在某處而生其心」。

換句話說，菩薩雖然在救度芸芸眾生，但若他耿耿於懷自己在救度誰，那麼，他就不是真正菩薩，也不算在救度了。因為救度者菩薩也空，被救度的眾生也空，還有被救度而到達的境界也是空。

『般若經』所說的第二項主題是六波羅蜜。那就是布施、持戒、忍辱、精進、禪定和般若等六度。這恐怕是從初期佛教以來的傳說——戒、定、慧三學之外，再加上布施、忍辱和精進而形成的六度。三學純屬於自利，加上相反的三種，尤其前面兩種是明顯的利他，呈現跟別人協同一體，共存共榮的關係。

既然如此，那麼，單純的布施跟現在所謂布施波羅蜜有什麼差別呢？布施即是給予。把東西給予某人時，通常都會考慮到給與取（give and take），給予之後，難免想到會得到什麼？

但是，有人既不想給予什麼，也不考慮得到什麼，而布施波羅蜜所說的是，布施這回事要具備以下三者才有可能成立，它是布施者、接受者、布施物品等。只要缺乏其中任何一項，布施就無法成立。

所以，布施者不能向接受者要求回償，或期待他回報。三者和合才能成立布施，而這是自覺布施（叫三輪清淨），亦即布施波羅蜜。以下的持戒波羅蜜、忍辱波羅蜜、精進波羅蜜、禪定波羅蜜和般若波羅蜜也統統如此。顯然，這些貫通「空」的思想，而六波羅蜜統統在『般若經』上說得很明白。

維摩經

藉著『般若經』所說的「空」思想而到達理想境界——涅槃，凡夫始終在迷惑苦惱下生死輪迴，佛陀教示世人不要拘泥於這些，不要把它當作執著對象。反之，世人每天要在日常生活裏實踐涅槃。這就是空的實踐，也是菩薩精神的慈悲行所施展的場所。其間既無出家，亦無在家等區別，毋寧說，這裏還否定出家，反而稱讚在家，這種經典終於問世了，而這正是真正的大乘佛教。

最具代表性的經典是『維摩詰所說經』，簡稱『維摩經』。這部經典的梵文本尚未找到，但在後期的其他梵文本中卻曾引用『維摩經』，故能略知它的片段。漢譯有三本，而鳩摩羅什（Kumārajiva）的上述譯本最被人喜愛，當然也有藏譯本。

『維摩經』的舞台在毘舍離的街上，在古印度時代，那裏叫做毘耶離，漢譯為廣嚴城，原來是李加維族的首都，工商業集散地，有民選執政官在推行政務。

「佛國品第一」開頭說，佛率領八千位比丘，和三萬兩千位菩薩出場，他們先圍繞佛陀唱讚歌，接著開始講經。以前，『般若經』的舞台在王舍城，也有佛及眾菩薩唱讚歌後，馬上開始談主題——「般若波羅蜜」的問答。不過，『維摩經』倒沒有這樣快速短兵相接。之後，才讓一位長者的兒子叫寶積，偕同五百位同伴（全是長者的兒子）一齊登場，用頌偈方式向寶積唱讚（有人說寶積在『般若經』是東方世界的佛），通過讚佛頌偈而引出一長篇序幕了。

接著，寶積提出問題：「佛國土的清淨，菩薩淨土之行」，佛便給予詳細的教誨，寶積消失以後，改由舍利弗出場。

不管怎樣，這一品說出佛國土——菩薩淨土的普遍性，尤其那句：「**心淨則國土淨**」，指示佛國土隨時都現在眼前，只要心地清淨的話；之後，舞台又改變了。「方便品第二」才讓本經主角——維摩（正式名稱是維摩詰）現身，直到以下「見阿閦佛品第十二」為止，也就是這部經典（共有十四章）的大部份都屬於維摩詰的獨佔舞台。

第二章稍微介紹維摩居士。他是一個十足的世俗人，有安定事業和資產，偶而也涉足遊戲與酒食場所。他對大乘佛教的了解深入，體悟與實踐都非同小可。尤其，擅用方便救度眾生。他以患病為藉口，招來一群採訪者，於是，他向他們講解無常、無我等佛法，用巧妙譬喻，諄諄誘教，旨在使對方開悟成佛。『維摩經』的文學特性，便從此逐漸展開，呈現多彩多姿。

『弟子品第三』終於揭開序幕了。

維摩躺在病床上，佛陀吩咐首座高徒舍利弗去探病。不料，舍利弗以前曾經被維摩駁倒過，便向佛陀實話實說，談起當年雙方交談的經過，於是向佛陀辭退，不敢再去。

佛陀只好吩咐目連（大目犍連）去。誰知目連也一樣不肯去，原因跟舍利弗相同。接著，佛陀又依序命令大迦葉、須菩提、富樓那（富樓那彌多羅尼子）、大迦旃延、阿那律、優波離、羅睺羅、阿難等，無奈，他們的情況跟舍利弗完全一樣，曾跟維摩唇槍舌戰一場，結果都被對方問住，以致不敢再去，紛紛向佛辭退。

以上十位叫做佛陀十大弟子，他們在初期佛教——小乘佛教時代，地位僅次於佛陀，或可跟佛陀相提並論。至少初期佛經提到地位之一是佛的代行人。

他們全部吐露自己有過難以啟齒的往事，也都吃過維摩的苦頭，這段內容表示維摩這位在家佛教徒，對於大乘法的領悟，遠超過初期佛教——小乘佛教之上。請看這一品的末尾說——

五百位大弟子各個向佛稟告自己立場，詳述以前被維摩刁難的經過，都推辭不敢去探病。

意謂不僅十大弟子吃過維摩的苦頭，連五百名大弟子也都不及維摩的本事，都辯不過維摩居士。

『菩薩品第四』提及佛又命令彌勒菩薩、光嚴童子、持世菩薩，長者的兒子善德去探病。不料，他們仍然道出昔日被維摩問倒的經驗，又推辭不敢去。

以上第三、第四兩章吐露的話，透過巧妙的文學技巧敘述深妙的思想，不長不短，乍讀下自然領悟維摩不愧是一位罕見高手，連佛弟子都自嘆不如。

進入「文殊師利問疾品第五」後，內容迅速展開，一位主角終於接受任務——探訪維摩的病，他就是以智慧馳名的文殊菩薩（文殊師利）。

當佛陀任命文殊負起這項任務時，他當然知道維摩的偉大。「他讓我們的確感到棘手，深知實相，善言真理的本質，且辯才無礙，智慧浩翰，明白一切菩薩的法，連諸佛秘密的教法所在都能通行無阻，並能降伏各類惡魔，具有人力所不及的神通，這方面的智慧與方便，他早已圓滿俱足，縱使如此，而今佛命令我去，我會奉命前往探病。」

文殊的想法跟前面諸人完全不同。維摩很了不起，他們自嘆不如才不去，反之，文殊認為維摩很偉大，正因為他太了不得才值得去訪。恐懼得只會拘泥於過去，以至一步也走不出去。欲往之處，即是拚命追求的未來，那條路是能夠打通的。依文殊看來，佛的任命才是自己的最大勉勵，故要以自己的力量走出去。

因為文殊要與維摩展開一場激烈的論戰，致使舍利弗那群曾經推辭不去的佛弟子，和佛身邊的八千菩薩、五百大弟子、五千天人等也紛紛跟著一同邁向毘舍利的維摩住宅前進。

維摩知曉文殊要來了，便用神通力讓房間空下來，把一切雜物與僕傭都弄走，只留下一張床，自己躺在床上。

維摩先向文殊開口，接著開始問答，關於問病的回答裏，維摩說過一句膾炙人口的話：

「一切眾生病，是故我病；若一切眾生得不病，則我病滅……若眾生病，則菩薩病，眾生癒，菩薩亦癒。若問這個病因何而起？菩薩病者，以大悲而起。」

由此可見菩薩的真面目栩栩如生，慈悲的本質在救度一切眾生。

之後，關於空房間也有一段問答，也就是對「空」的問題詳加探討：提到無常、苦、無我、平等、無所得、方便、菩薩行等，維摩都有詳盡的說明，致使文殊等一群人都發心追求無上正等正覺。

接著插入一段軼事，「不思議品第六」。舍利弗跟隨文殊一齊來，聽完他們一段對話後，發現房間內沒有椅子可坐，心生納悶之餘，維摩看破他的意思，便問舍利弗說：「你來為了求法，還是找椅子坐呢？」舍利弗答說：「我來求法，而不是找床來坐。」於是，維摩再詳述求法的意義，同時下結論說：「若求法者，於一切法應無所求。」

之後，維摩表演不可思議的工夫了，他大顯神通，從須彌相國運來三萬兩千張椅子，數目龐大，完全放進房間裏，一點問題也沒有，真是不可思議。不料，更不可思議的是，那群早已獲有神通的菩薩都不能上座，像舍利弗等一群菩薩都發覺椅子太高，爬不上去。於是，維摩說你們要禮拜須彌相國的須彌燈如來，果然他們禮拜完，才能紛紛爬到椅子上就座了。

以下是維摩向舍利弗、大迦葉等人教誨不可思議解脫法門。

「觀眾生品第七」（在文殊與維摩對話之後）出現一位天女。其間也有一段文學敘述，概要如下：

天女將天華紛紛散落在眾菩薩和佛弟子身上。不料，這些天華落在菩薩們身上時，馬上掉下來了，但落在佛弟子們身上卻落不下來。即使佛弟子使用神通也無法落下天華。天女問舍利弗說：「為什麼要把天華落下來呢？」舍利弗答說：「天華不宜戴在比丘身上。」之後，天女與舍利弗展開一段對話，其間，舍利弗在天女大展神通下，居然變成女人身，在反覆問答之際，結果降伏了舍利弗不做凡夫的傲慢心，繼而教誡他什麼才是真正的覺悟。

在後來諸品裏，彰顯『維摩經』的重要旨趣，更用最著名的「入不二法門」來反覆說教。不二法門指出佛教開悟的最高峰——所謂惟一或絕對的教法何在？怎樣才能得到它呢？這項主題在這一品裏戲劇性地描寫出來。

這項問題是維摩提出來的，讓諸位菩薩逐一回答。例如法自在菩薩、德守菩薩、不眴菩薩、德頂菩薩、善宿菩薩、善眼菩薩、妙臂菩薩、弗沙菩薩、師子菩薩、師子意菩薩、淨解菩薩、那羅延菩薩、善意菩薩、現見菩薩、普守菩薩、電天菩薩、喜見菩薩、明相菩薩、妙意菩薩、無盡意菩薩、深慧菩薩、寂根菩薩、心無礙菩薩、上善菩薩、福田菩薩、華嚴菩薩、德藏菩薩、月上菩薩、寶印菩薩、珠頂王菩薩、樂實菩薩等三十一位菩薩各抒己見，之後由文殊回答：

「如我意者，於一切法無言無說，無示無識，離諸問答，是為入不二法門。」

文殊的意思是，入不二法門是言、說、示、識所不能及。最後文殊問維摩的意見，不料，維摩默默無語。

可見維摩連言、說、示、識所不能及的情狀都不說。維摩用「沈默」將此中奧秘在大庭廣眾前表示出來，致使文殊忍不住嘆說：

「善哉！善哉！乃至無有文字語言，是真入不二法門。」

說完這種入不二法門時，群眾裏五千菩薩全都進入不二法門，而得到無生法忍。

在「佛道品第八」裏，維摩說出下面著名的詩句：

「智度菩薩母，方便以為父，一切眾導師，無不由是生，法善以為妻，慈悲心為女，善心誠實男，畢竟空寂舍。」

這一來，維摩顯然凌駕在所有佛弟子之上，而『維摩經』大大方方坦述出來，由此可知在家佛教徒在大乘佛教裏享有崇高的地位。

『維摩經』後來深受中國和日本禪門人物的喜愛……。

所謂中期大乘佛教經典的初期作品『勝鬘經』，也提到在家人在大乘佛教所佔的地位。這部經典敘述中印度舍衛國的波斯匿王，有一個女兒嫁給阿踰世國的友稱王做妃子，即是勝鬘夫人，她在佛前讚嘆佛的無量功德後，便發下十大誓願和三大願，又靠佛的威神力，而明白如何領悟正法的真狀，其間除了不停地讚嘆，也在受用法喜。因為勝鬘夫人身為王妃，當然是在家信眾，且是一位女性。『勝鬘經』透過這種方式來凸顯在家佛教運動的高潮。

佛教剛傳入日本，引起學者們研究之際，聖德太子曾從許多經典中，選出『法華經』、『勝鬘經』和『維摩經』等三部經，分別作出義疏，而這等於日本佛教的根本特性之一，終於引發在家佛教的底流。

淨土教經典

上述諸佛問題時，提到大乘佛教的成立期間，出現許多佛菩薩，其中最有力的淨土思想方面有以下三位——

①彌勒菩薩的兜率天淨土

②阿閦佛的東方妙喜國淨土

③阿彌陀佛的西方極樂世界淨土

其中，不妨再詳述一下①種與③種。

關於②種的阿閦佛信仰問題，先有一本古譯叫『阿閦佛國經』，至於這位佛也在『般若經』諸本、『維摩經』、『華嚴經』、『悲華經』、『首楞嚴三昧經』等經典上出現。可是，這種信仰沒有大力發展下去。反而讓③的阿彌陀佛信仰興盛起來。因此，這位阿彌陀佛信仰叫做淨土教：在中、日兩國出現以這個為主題的三部經典——淨土三部經。即是——

①『無量壽經』二卷　康僧鎧譯（簡稱『大經』）

②『觀無量壽經』一卷　畺良耶舍譯（簡稱『觀經』）

③『阿彌陀經』一卷　鳩摩羅什譯（簡稱『小經』）

關於以上諸經的內容，特別是代表整套精髓的『無量壽經』的內容，已經在上面「阿彌陀佛」的篇幅內詳述過，恕不再贅敘。反而是西方極樂世界的淨土描述值得一提。

極樂世界這個理想樂園位於西方十萬億國土外的地方。那裏由金、銀、瑠璃、珊瑚、琥珀、硨磲、碼瑙等七寶所組成，大地既無山峰，也無海洋和深谷，完全是一片平地。既無四季之分，氣候亦無寒暑之別，一年到頭都快樂舒適。七寶的寶樹到處林立，清風吹來，乍聞微妙的聲音。

其間有講堂、精舍、宮殿、樓觀，也有不少浴池，池水清淨，又有甘露味道。池岸種有栴檀樹，會發出香氣。一旦走進池裏，格外舒服，水波發出自然的妙音。

那裏的人只有男性，而沒有女性，一律平等，顏面與身體端莊，呈現罕見的美感。若想要吃飯，自然會有飯菜出現於眼前，不必去找尋。原因是，只要見色，聞到香味，內心有意飲食時，自然能得到滿足。

『無量壽經』敘述一位法藏菩薩誓願度化一切眾生到極樂世界，佛對阿難提及那位菩薩後來成就阿彌陀佛，而那個世界即是西方極樂淨土，後來，佛似乎提到對方將是彌勒再世。本經內容詳述三毒與五惡，即所謂自力主義，以前強調要信仰阿彌陀佛，即是他力主義，前後差別很大，法藏菩薩的話只存在『無量壽經』，而沒有出現在其他兩部經裏。

『觀無量壽經』裏，先有阿闍世王的話，其間，佛陀向阿難和韋提希夫人（阿闍世王的母后）談到阿彌陀佛，又強調心的統一，觀想淨土等十三種方法，尤其要專心念唱阿彌陀佛，及其他佛身份的兩位菩薩——觀世音與大勢至——同時竭盡觀想之能事，必有受用。

『阿彌陀經』是更短的經典，佛向舍利弗提到極樂世界之美，及那個佛國土有一位莊嚴的阿彌陀佛，佛勸他說，若要出生極樂世界，就要專心稱讚阿彌陀佛的名號，最後強調信心的重要。

但是，阿彌陀佛的信仰風氣，在印度發源地倒沒有像上述那樣興盛的記錄，中、日兩國特別盛行，尤其在日本擴展為很龐大的教團——源空（法然）系統的淨土宗，親鸞系統的淨土真宗，都擁有極多徒眾。

華嚴經

『華嚴經』的正式名稱叫做『大方廣佛華嚴經』，有兩種漢譯，都是相同名稱。但一種有六十卷，另一種有八十卷，前者叫『六十華嚴』，後者叫『八十華嚴』。也有藏譯本，梵文本現存『十地品』與『入法界品』，都正式公諸於世。在以上兩種梵文本中，『十地品』又有另外不同名稱的譯本——『漸備一切智德經』、『十住經』和『十地經』，而『入法界品』有擴充起來的漢譯本，仍然取名為『大方廣華嚴經』，共有四十卷，故簡稱為『四十華嚴』（這部份也有不同譯本）。在龍樹所著『大智度論』裏，則以『不可思議解脫經』的名稱出現。除了以上兩章以外，也有不少相當於漢譯的異譯單經。

由此看來，不論『六十華嚴』也好，『八十華嚴』也好，現在所謂『華嚴經』者，乃是古代一部份單獨散亂地組成，其間各自發展，最後才歸納成一部經典，從這種經典組成的狀況看來，正是一般大乘經典的來源，連上述『般若經』也一樣，甚至包括下面的『法華經』亦不例外……。

顧名思義，『華嚴經』的文章果然莊嚴華麗，頗有壯觀的規模與內容，說話的場所從地面到天上，再由天上往上升，最後又回到地上，共有七個說法場所和八會（說法的會座）。

自古以來，世人以為『華嚴經』是佛開悟之後，把開悟的世界與內容直接表示出來的東西。

現在把『六十華嚴』的內容大概敘述一下。

第一會（一～二章）是以摩竭陀國的寂滅道場為舞台，當佛陀大徹大悟時，那裏彷佛金剛似地清淨與莊嚴，當地的莊嚴再用許多言語來修飾。這位佛跟教主——毘盧舍那佛是一體，坐在寶師子座上，但是，他的身體卻遍在一切道場。而這個狀況說明華嚴思想—「一即一切」、「一切即一」的「一」是什麼？以普賢為首的諸位菩薩、金剛力士、諸神、諸王、天子、天王，由天組成三十四眾都在讚嘆佛的正覺。佛放出光明凸顯蓮華藏世界。十方有無數的世界海，每個海上都有如來。尤其，普賢用盡言語說明蓮華藏世界的莊嚴狀況。

第二會（三～八章）是以摩竭陀國的普光法堂為舞台。共計六章都談到信的內涵——十信。前面三章提及所信的果——身口意，後面三章談到信本身——解行證（德）。還有以下也不時出現「十」這個數字，幾乎一切事物都歸納在「十」裏面。依據那種情況說，「十」是圓滿的數字，藉此展現無限性與完全性。文殊師利在這個集會上很活躍，大談苦集滅道等四諦，敘述非常深奧的法義。

第三會（九～十四章）的舞台上升到天界，這時，佛在須彌山頂，也就是在忉利天。但是，經文說：

「**世尊用威神力起座，上升須彌山頂，邁向帝釋宮。**」

這是說明自在無礙的境界。之後逐漸談到菩薩道這個集會有六章都談到「住」的問題，也就是說明十住法。十住法就是——①初發心住、②治地住、③修行住、④生貴住、⑤方便具足住、⑥正心住、⑦不退住、⑧童真住、⑨法王子住、⑩灌頂住，跟『大事』所說內容很接近（可見這些發展成後來的「十地」說）。每一項都在菩薩十住品（十一章）有詳盡的說明。在明法品（十四章）也仔細解釋十波羅蜜（六波羅蜜加上方便、願、力、智等波羅蜜）。這十波羅蜜說後來也出現在十行品（十七章）和十地品（二十二章）裏。

第四會（十五～十八章）更上升到夜摩天宮這個舞台。以前兩者會解說信與住，而在這裏說明「行」，也就是下列「十行」——①歡喜行、②饒益行、③無恚恨行、④無盡行、⑤離癡亂行、⑥善現行、⑦無著行、⑧尊重行、⑨善法行、⑩真實行。尤其，功德華聚菩薩十行品（十七章）詳述這十行，這些適合放在十波羅蜜裏。

第五會（十九～二十一章）搬到兜率天宮。在此被問及迴向的事，致使佛說十迴向的內容——①救諸眾生離眾生相迴向、②不壞迴向、③等一切諸佛迴向、④至一切處迴向、⑤無盡功德藏迴向、⑥入一切平等善根迴向、⑦等隨順一切眾生迴向、⑧真如相迴向、⑨無縛無著解脫迴向、⑩入法界無量迴向。尤其在金剛幢菩薩十迴向品（二十一章）特別詳述十迴向的內涵。

第六會（二十二～三十二章）的舞台在他化天宮。其中十地品已如上述，梵文本有漢譯的不同譯本。『大智度論』也引用它，在『華嚴經』裏有舊的部份。這章的內容不妨稍加詳述一下，下面十地也在上述的十波羅蜜裏。那就是：

①歡喜地——「以大悲為首」，供養眾生，給予他們的需求，使他們在佛法僧三寶方面發出歡喜心。

②離垢地——若具足初地而在生起十種真心的話，便進入第二地，在此依序說明三種淨戒。

③明地（發光地）——清淨了第二地，而生起十種深心的話，便進入第三地，在此深入地求法，觀照一切有為法的如實相。

④焰地（燄慧地）——清淨第三地，而得到十種法明門時，就進入第四地。這裏意謂以智慧火來燒煩惱。修行八正道，依止厭、離、滅、邁向涅槃。

⑤難勝地——靠十種平等心從第四地進入第五地。意指這裏是斷滅無明煩惱之處，早已不必靠任何東西脫離控制了。

⑥現前地——靠十種平等法，從第五地進入第六地。相當於般若波羅蜜之餘、大智現前、在十地中屬於最重大的所在。又以大悲為首，觀照世間生滅之相，順逆觀照十二因緣。有下面一句膾炙人口的話：「三界虛妄，惟一心所作，十二（因）緣分，皆依此心。」這即是惟心思想的根據。

⑦遠行地——隨著方便慧而起十種妙行，從第六地進入第七地。在此完成修行，遠離聲聞緣覺的境界。早已脫離煩惱，能夠無礙進出涅槃與生死境界。

⑧不動地——明白不生不滅的法，得到決定安住（無生法忍）、進入佛地、早

已不退轉、不執著，自然湧出一種不拘泥於目的的心理活動。

⑨善慧地——成就十種思惟，從第八地進入第九地。在此得到自由無礙，不可思議的智慧，知道教化眾生之法。

⑩法雲地——運作十種思惟，從第九地進入第十地。這是超越無生法忍的一切智的位置。有無數三昧的最後那種益一切智三昧現前。大蓮華呈現出來，無數的如來降落大法之雨，沐浴其間。

第六會的剩餘部份說明十明品（二十三章），即是十種智慧，十念品（二十四章）是菩薩成就的十種忍（智），兩者都由普賢菩薩講述。心王菩薩問阿僧祇品（二十五章）是佛聽完心王菩薩的問題，便說明大數的內涵。壽命品（二十六章）是由心王菩薩講述佛的壽命能夠長短自在。菩薩住處品（二十七章）說明心王菩薩的活動遍佈世界各地。佛不思議法品（二十八章）明白指出修行成就後的功果德行。如來相海品（二十九章）讚嘆普賢菩薩具有佛身的九十四妙相。佛小相光明功德品（卅章）敘述佛本身，天子與天聲等佛德的各種功德。普賢菩薩行品（卅一章）說普賢菩薩到達跟佛同等地位，在這項說明中也放進上述「一即一切」，「一切即一」的論點。寶王如來性起品（卅二章）有如來出現，而這裏提到各種譬喻。

第七會（卅三章）再回到摩竭陀國的普光法堂，將以前所說反覆歸納起來。包括兩百句問題，提到十信、十住、十行、十迴向、十地和因圓果滿。

第八會（卅四章）的舞台在舍衛城須達園的重閣講堂。那是上述的「入法界品」，屬於『華嚴經』的舊的部份。它也有梵文本和漢譯不同本。內容提到一個少年叫做善財童子，拜訪許多善知識，聆聽他們的教法，屬於一種修行經歷的故事。被訪的對象起自文殊師利，接著有比丘、比丘尼、醫生、長者、在家男女信徒、童子、童女、娼婦、海師、婆羅門、外道人士、國王、天、仙人，再回到文殊身邊，最後遇到普賢，共計五十三人（其中有十名女性），結果才大徹大悟，透過這些故事說明大乘教法的精諦。

總之，『華嚴經』有無比龐大的構想，整部經典依據這套壯觀的規模，讓人覺得它是諸經之王。

中國信徒依據它而樹立華嚴宗，這支學派或宗派在中國佛教史上擁有非常大的影響力。它有一部份在奈良時代傳到日本，成為南都六宗之一——十分興盛，東大寺算是他們的總本山，大佛是毘盧舍那佛。

法華經

在眾多佛經裏，幾乎沒有一本像『法華經』那樣擁有眾多讀者。然而，『法華經』也有各種不同版本。有梵文本、藏文本、漢譯本以及其他多種片段。梵文本也有許多種類，大體可分為尼泊爾本、西域本（配特洛夫斯基本、法爾哈德貝克本）、基爾基特本、以及其他片段。漢譯除了『正法華經』、『妙法蓮華經』、『添品妙法蓮華經』三種以外，尚有一部異譯本。

由此可見形形色色的版本，足以證明『法華經』擁有眾多讀者。但若嚴格來說，既然『法華經』擁有最多讀者，那麼，上述哪一本最具決定性的影響呢？依我看，鳩摩羅什譯『妙法蓮華經』可以說首屈一指。在中、日兩國都一樣，過去一千五百年來，從一開始漢譯到現在始終最受歡迎，歷久不衰。

下面的討論也依據這部『妙法蓮華經』來擬定章節，引文伸述，還有引述也幾乎用口語的譯文，筆者曾經參考梵文本和諸類註釋本譯成口語體，之後出版為『法華經現代語譯』。至於版本的說明及其他部份也列在書後，敬請讀者過目，則是我的望外之喜。

『法華經』跟其他許多大乘佛經一樣，在當年不像現在這樣完整的版本，各章都很散亂，且在各章裏參雜散文與韻文，除了極少部份，都是各自成立，沒有連繫一齊。

由此可知『法華經』是由韻文與散文組成的，兩者的內容多半類似。意謂詩句是散文的反覆，當然也有不是的部份，我把兩者歸納起來說明於下：

如眾所指出的情形，『妙法蓮華經』裏面有兩座大山，一是方便品第二，另一個是如來壽量品第十六。這兩章要特別詳述，而其他章可以概說……。

「序品第一」——提到佛在王舍城靈鷲山，有比丘一萬兩千人，修學中與修學完畢者兩千人，比丘尼六千人、菩薩八萬人、天子計七萬二千人，八龍王及其他阿闍世王等幾百千位眷屬等。佛進入無量義處三昧裏，花從天降，大地震動，大眾一直注視著佛。佛從眉間白毫相放出光明。照亮東方一萬八千世界。這一來，彌勒菩薩就問文殊菩薩了。文殊菩薩回答：「久遠以前有一位日月燈明佛出世，也呈現同樣瑞相，旨在講述法華經。現在也許又要講授法華經吧？過去的日月燈明佛有兩萬，而最後那位日月燈明佛有八位王子，侍候妙光菩薩，也全部修成佛道了，最後成佛者是燃燈佛。還有妙光菩薩八百位弟子裏，有一位叫求名菩薩。彌勒呀！我就是妙光菩薩，你就是求名菩薩，佛不時講述法華經。」

「方便品第二」——世尊從三昧出來，向舍利弗說：「佛領悟的智慧極深奧，浩翰無際，用許多教化方法（方便），教化芸芸眾生，佛那套智慧的內容，即諸法實相有以下十如是——如是相、如是性、如是體、如是力、如是作、如是因、如是緣、如是果、如是報、如是本末究竟等；這些都不是一般賢者所能知曉的。」舍利弗深知大眾的疑心，便央求佛給大家講解這套深妙之法，一直請願三次，才使世尊開始講解這一套大法。這時候，五千位比丘、比丘尼和在家男女信眾紛紛退出場了。因為他們懷有慢心，自以為都已經開悟了。世尊默默地望著他們離去。佛開始說法：「若用一般的思慮分別，就不能明白這套法的。因此，芸芸眾生不能理解佛的智慧，致使佛才出現人間。如來只是一乘，而不是二乘、三乘，但為了活用教化方法才會說出三乘（小乘即是聲聞乘與緣覺乘，大乘即是佛乘）的教理，而那是隨機說法，其實只是一佛乘而已。」之後，有百餘詩偈，其間提到佛的出世因緣，只要有佛緣，都能修成佛道。有些偈句非常富有包容力，不妨列舉幾句於下：

（一）若於曠野中　積土成佛廟　乃至童子戲　聚沙為佛塔　如是諸人等　皆已成佛道（84）。

（二）乃至童子戲　若草木及筆　或以指爪甲　而畫作佛像（89）。
（三）如是諸人等　漸漸積功德　具足大悲心　皆已成佛道（90）。
（四）或有人禮拜　或復旦合掌　乃至舉一手　或復小低頭　以此供養像　漸見無量佛　自成無上道（96）。
（五）若人散亂心　入於塔廟中　一稱南無佛　皆已成佛道（98）。

由以上可見其一端，以舍利弗為首的大眾都能成佛，成佛是諸佛的本願，而這一點堪稱本章的主題，更是整部法華經最重要的旨趣，和佛說法的態度。

「譬喻品第三」——舍利弗聽完教法，歡喜合掌表示以前只聽到小乘法。而今乍聞末來能夠成佛的預言，且自覺是佛子，不禁很感激佛陀。接著，佛譬喻說：有一位大長者，可惜房子很破舊、腐朽不堪了。一天，家裏失火，那時，大群孩子們都玩得起勁，誰也不知家裏起火，亦不知危險情狀。於是，長者心生一計，便向孩子們宣稱，門外有他們喜歡和想要的羊車、鹿車、牛車呀！你們快出去吧！這一來，孩子們喜出望外，爭先跑出去，長者就給他們一套白牛拉引的車。以上是教化方法，長者父親是佛，孩子們譬喻一切眾生，而這個世界在起火燃燒（三界火宅），三車譬喻為三乘、白牛車表示一佛乘。」

「信解品第四」——舍利弗得到成佛的預言（授記），須菩提，摩訶迦旃延、摩訶迦葉、摩訶目犍連等四人歡喜不已。藉此因緣，再說下面的譬喻：「有一個少年離家出去流浪，一直在國外輾轉幾十年，放蕩形骸，一天終於回到祖國的家鄉。父親成了百萬巨富，卻十分思念兒子。某日，這個孩子來到父親的家門，目睹父親的威嚴樣子，根本不認識，他看了就逃走。但這個父親一眼看出是自己的兒子，就派人去說明教化方法。表示要付他雙倍待遇，才把他帶回家，先讓他清掃穢物。二十年作業之後，父親才吩咐他可以依自己的喜歡去作業，而不必勉強去做粗重的事，不久，父親患病了，臨終時把親友、國王、大臣和朋友叫到了面前，告訴他們說這個孩子是我的兒子，我是他的親生父親，我的所有財產要給他繼承。這位長者是如來，孩子是佛的兒子。」

「藥草喻品第五」——世尊告訴摩訶迦葉說：「在山、川、谷、地生長的草木、叢林和藥草形形色色，種類繁多。上天對待它們一律平等，降落相等的雨量，完全適應它們的需求，幫助它們成長。同樣地，如來的說法是一乘，讓天下眾生根據自己的需要去接受。」

「授記品第六」——世尊預言摩訶迦葉將來可以成佛，佛名叫做光明佛，生長國家叫做光德，年數叫做大莊嚴。這一來，大目犍連、須菩提、摩訶迦旃延也作詩偈央求佛能作同類的預言。於是，佛預言須菩提將來會成佛，佛名叫做名相佛（又叫月相佛），國家叫做寶生，年數叫做有寶。接著，預言大迦旃延也能成佛，名號叫做閻浮那提寶光佛，之後預言大目犍連也會成佛，名叫多摩羅跋旃檀香佛。這是預言小乘的聲聞弟子們只要皈依大乘的教法。照樣能夠成佛作祖。

「化城喻品第七」——這一章跟前後沒有連貫。佛告知比丘說：「從前有一位大通智勝佛出世，該國稱好成，年數叫大相。佛的壽命有五百四十萬億乃至一千億劫。這位佛在出家前生有十六位王子。當父親成佛，瀰漫著天光。十萬梵天和十六王子央求佛說法。於是，大通智勝如來答應了。且給他們各自講述四諦法，共計十二段，之後講十二因緣法。十六位王子出家當沙彌了。佛又向他們教授法華經了。十六人以兩人一組分別在八方成佛。」

從此引出一則譬喻：「有一國人要走長達五百由旬的艱險崎嶇之路。途中走得相當勞累，於是，大家向引導員要求回家。這時，引導人運用神通，選在三百由旬的前方，造作一座幻城，好讓他們休憩。之後勉勵大家再向前走，不遠處就是目的地。其實，這只是指出小乘的二乘即為化城，旨在將一佛乘分別為三，而真正目的在一佛乘。」還有在這段詩偈裏有一首馳名的迴向文：「**願以此功德，普及於一切，我等與眾生，皆共成佛道。**」

「五百弟子受記品第八」——接連前面第六品，富樓那彌多羅尼子向佛禮拜，讚嘆佛的智慧。佛向大眾稱讚富樓那，並預言他將在多年以後必定成佛。佛號稱為法明佛，國號叫做善淨，年數叫做寶明。之後，佛不負憍陳如以下一千兩百位聖人的期望，也預言他將來會成佛，取名普明佛；接著預言以三迦葉為首的五百位聖者也統統會成就普明佛。五百位聖者欣喜之餘，紛紛向佛腳禮拜。

佛給他們譬喻說：「某人到一位朋友家喝醉酒睡著了。那位朋友忽然有緊急事要出去，臨走前，便把寶珠縫在醉漢的衣服裏。待他醉醒後，到處流浪，苦不堪言。有一天，忽然碰到昔日的朋友，朋友問他那顆寶珠怎麼啦？為什麼不變賣來過好日子呢？佛是指朋友，二乘是指酒醉的窮人，寶珠指一切智。

「授學無學人記品第九」——阿難、羅睺羅和兩千位聲聞都希望佛能預言他們將來會成佛。只聽佛告訴阿難說：「你來世會成佛，取名為山海慧自在通王佛，國號叫常立勝幡，年數叫妙音遍滿。」阿難歡喜不已。佛告知羅睺羅說：「你在來世也會成佛，名叫蹈七寶華佛，國名與年數跟阿難一樣。」接著又預言修行中和修行結業的兩千名群眾，他們也會在最後一世成佛，全都取同一名號，叫做寶相佛。兩千位弟子喜歡不已。

從序品到這一章，全部談論聲聞弟子，以下開始談論菩薩。

「法師品第十」——藥王菩薩以下八萬菩薩眾聚集在佛前，世尊預言他們若聆聽法華經一句詩偈而起歡喜心的話，將來必能成佛。待佛滅後，即使肯說一句法華經，那麼，他就是如來的使者。反之，不論出家或在家徒眾，誰若誹謗或傷損法華經，則會有非常重大的罪。如果對那些誦讀和受持法華經的人口出惡言，也會有無量的重罪。雖然，我（佛）說過許多經典了，但諸經裏以法華經為第一，因為這部經是佛的秘密，所以不會隨便授予別人。佛滅後更應該如此。佛滅後，誰若肯受持、誦讀和供養這部經，甚至給別人講解，那麼，如來會護衛他。若能用七種寶物建塔來保存經典，那麼，如來的全身自然會在那座塔裏。目睹、聆聽、讀誦、書持和供養法華經的人，就等於修行菩薩道，能夠接近世上正等正覺。

這裏有一則譬喻。有人喉頭渴得發乾，一直在找水喝，於是挖洞穴，一看見乾土，知道水流尚早。如果看見濕土，碰到濕泥，便知水源必在近處了。兩者情狀相彷佛，不聽法華經的人，會遠離覺悟，凡是聽聞或理解法華經的人，必然接近無上正等正覺。佛滅後，誰若能說法華經，誰就有大慈悲心（如來之寶）、柔軟與忍耐之心（如來之衣）、安住在一切都不執著之處（如來之座），講經說法。這時候，即使有人罵他，拿刀、杖、瓦、石頭丟他，他也得忍耐下去。如來會保護他。

「見寶塔品第十一」──有一座高達五百由旬，縱橫兩百五十由旬的七寶塔從地面暴出來，上升到空中，美侖美奐。從寶塔裏傳出巨大聲音：「釋尊向大眾說法華經了，所說都是真情實話。」大家聽了好生奇怪，但很歡喜。其中，一位大樂說菩薩問佛為什麼會出現巨大寶塔呢?佛說：「在這座寶塔裏，如來全身都在裏頭。從前，寶淨國出現多寶佛，曾經發下誓願。若我成佛、滅度之後，於十方國土，有說法華經處，我之塔廟，為聽是經故，湧現其前，為作證明，讚言善哉。」

佛依據多寶如來的誓願。打算集合佛的分身，眉間的白毫相發出光明，照耀十方諸佛。十方諸佛皆往釋迦佛的地方，打算供養多寶如來的寶塔。而集合在娑婆世界。釋迦佛用右指打開塔門，只見多寶如來坐在塔的獅子座上，進入禪定中。多寶佛分出半邊座位迎接釋迦佛。這一來，兩佛並肩而坐，這意謂釋迦佛在解述第一經的法華經。之後的詩句反覆敘述法華經受持的困難。

「提婆達多品第十二」──佛告訴眾菩薩：「從前有一位國王立下誓願，打算追求無上正等正覺，實踐六波羅蜜。於是，他讓位給王子，而去追求大乘法。一位仙人來講述法華經，國王也為仙人服務千年之久。那位國王就是我，仙人是提婆達多（在初期佛教，提婆達多被看作壞蛋，在此被看作一位德高望重的人）。我成就一切平等的正等正覺，且能教化天下一切眾生也得力於提婆達多。提婆達多後來必能成佛，號稱天王佛，國名叫天道。天王佛滅後建了七寶塔。一切有情眾生也到達不退轉。」這時，跟隨多寶佛的智積菩薩在釋迦佛的勸導下跟文殊菩薩交談。

智積到龍王宮去拜訪，文殊才教化無量法義，在大海上不時講述法華經，娑竭羅龍王的女兒年僅八歲，卻馬上開悟了。智積說，連釋迦佛尚且費時多年才能成佛得悟，而為什麼這個女孩只在短時間就開悟成佛呢？令他難以置信。只見龍女忽然現身讚嘆自己聽過法華經開悟的旨趣，並唱誦詩偈。舍利弗尤其懷疑女身有五障，怎麼可能開悟如此迅速呢？只見龍女馬上變成男子，證悟到最高境界，展現未來成佛的預言狀況給大眾瞧瞧，才使智積菩薩等大眾默然信受。

「勸持品第十三」——連接前面第九章，佛向以姨母摩訶波闍波提比丘尼為首的六千位比丘尼預言，將來會修成一切眾生喜見佛，又預言前妻耶輸陀羅比丘尼會修成具足千萬光相佛，之後對眾菩薩的說話和詩偈中反覆說，即使以後因為宣揚這部經典而遭遇各種指責，也要盡量忍耐。

「安樂行品第十四」——文殊師利菩薩問後代惡世應該怎樣宣揚這部經呢？佛答說：在身、口、意、誓願等四安樂行方面講解此經。所謂身安樂行，就是忍耐、遠離一切執著。別接近國王、政治家、外道、婆羅門、耆那教、世俗文學、順世派、嬉戲者、玩樂者、屠殺者、獵師等，小乘教徒、女性與男僕。口安樂行，既不提別人與經典的過失，也不傲慢，不提喜歡或嫌惡，不起怨憎心，只說大乘。意安樂行是捨棄嫉妒、嫌惡、貪婪和輕蔑等心，但得以大慈悲心平等地說法度眾。誓願安樂行是，凡在末世講述法華經的人，都要起大慈悲心，當自己體悟無上正等正覺時，得用神通力與智慧力引導眾生。彷佛轉輪聖王髻中寶珠一般，對於如來而言，法華經才是真正第一法，佛或如來秘密倉庫，不能妄加宣揚。

「從地湧出品第十五」——佛預告一群菩薩的央求，告知這個娑婆世界會有多如六萬恆河細沙的菩薩眾出來講法華經。此時，大地裂開，只見無量百千萬億的菩薩同時湧出來。眾多菩薩從大地出來，走向多寶如來與釋迦佛並肩而坐的塔處，同聲讚嘆。彌勒代表眾菩薩問佛說：「這麼多菩薩到底從何處來？何種因緣出來呢？」佛答說：「他們從久遠以前就在教化天下一切眾生了……。」

「如來壽量品第十六」——本章是法華經的高峰。持續上一章而提到佛的壽命無限無量。首先由彌勒央求佛說真實話，一連懇求三次。佛才說：「你們以為釋迦佛當年私自出宮，在菩提迦耶附近開悟成佛。其實，我成佛很久了，經過無量、無邊、百年萬億、千億劫這樣漫長年歲，而這樣悠久歲月實在數不出來。只是為了教化眾生怠惰之心，才以教化方法的方式滅度給你們看而已。」

於是佛又譬喻：「某位醫生要啟程出國時，孩子們都喝了毒藥，醫生回家給他們藥，大部份都服藥得救了，可惜失去本心的孩子沒有服藥。於是，醫生再度出國，半路上派人通知家裏的孩子說：「你爸爸死了。」孩子們哀慟之下，就服藥解毒了。這一來，醫生父親才又回國，這種死或滅的情況，完全當作一種教化方法使用。從此展示久遠實成的本佛思想。

「分別功德品第十七」——世尊告訴彌勒說：「他們聽到我的壽命長遠時，無數眾生都得到無生法忍。還有千倍菩薩得到聽聞不忘的能力和最高證悟。」同時，佛預言眾菩薩未來必能成佛，之後又說信，經的誦讀與受持。

「隨喜功德品第十八」——佛告訴彌勒說，佛滅後，若肯聆聽法華經，並隨而起歡喜心的話，將會得到很多福報。

「法師功德品第十九」——佛告訴常精進菩薩說：「若肯受持、誦讀、解說和書寫這部法華經時，會有莫大的功德。」

「常不輕菩薩品第二十」——佛告訴得大勢菩薩說：「誰若破口責罵法華經的信徒，誰會得到惡報（第十章）；誰若受持法華經，誰會有莫大功德（第十八、十九章）。從前，正法消滅，興起似是而非的法，致使傲慢的比丘聲勢浩大起來。當時，一位常不輕菩薩出世，他從來不輕蔑任何人，反而禮拜和敬佩他們，縱使遭到侮辱謾罵，他依然告訴對方說：『你會成佛』。不論對方怎樣用杖棍、木棒或石頭迫害他，他照樣禮拜和讚嘆他說：『你將來會成佛。』這位菩薩最後乍聞法華經的詩偈，又延長壽命，到處宣揚法華經，讓人降伏增上慢。」

「如來神力品第二十一」——佛在文殊等一群大眾面前大顯神通。並對眾菩薩說，法華經的功德說不完，這部經無疑是如來一切法，如來一切神通力。如來一切秘密的倉庫，深奧美妙。佛滅後大家要受持、誦讀、解說和抄寫法華經才好。

「囑累品第廿二」——釋迦佛將無上正等正覺之法付囑眾菩薩，要他們一心流布它。眾菩薩連說三聲，表示恭敬從命，這一來總算付法終結。

以下六章是個別成立，算是後來附加上去的東西。

「藥王菩薩本事品第二十三」——佛告訴宿王華菩薩說，現在的藥王菩薩是從前燒身供養一切眾生喜見菩薩，有過樂習苦行的經歷等。

「妙音菩薩品第二十四」——說明妙音菩薩的三昧。

「觀世音菩薩普門品第二十五」——所謂「觀音經」也。敘述觀世音菩薩運用無量慈悲與神通，普度一切眾生的苦惱。

「陀羅尼品第二十六」——敘述藥王菩薩、勇施菩薩、毘沙門天王、持國天王、十羅剎女的各種陀羅尼。

「妙莊嚴王本事品第二十七」——從前在雲雷音宿王華智佛時代，有一位婆羅門王妙莊嚴，夫人叫淨德，生有兩子叫淨藏與淨眼，這兩個孩子使父母都到那位佛下出家。妙莊嚴王是現在的華德菩薩，淨德夫人是光照莊嚴菩薩，淨藏是藥王菩薩，淨眼是藥上菩薩。

「普賢菩薩勸發品第二十八」——佛說普賢菩薩誰在末世修行法華經，也騎白象守護，和供養法華經。普賢念誦陀羅尼，展示神變，發誓會流布法華經。

可見法華經全篇都預言菩薩、比丘、比丘尼和芸芸眾生都能成佛作祖，顯然把一佛乘分為三乘來解說（開三顯一），而那位授予預言的佛，正是久遠實成的本佛，所以，佛強烈要求大眾要誦讀和受持法華經。

中國的天台教法以『法華經』為基礎，無疑為中國佛教最重要的支柱。它由傳教大師最澄傳到日本，而成了日本佛教的娘胎。日蓮皈依『法華經』最虔誠，藉此形成新宗派，又從此宗派衍生出各種分派，以至於今日。最值得注意的是，現在日本積極活動的新佛教裏，有大半都屬於這一派——即日蓮宗。

第三節　龍樹

龍樹的生涯

個人傳記在極稀罕的印度文化史裏，西曆四〇五年前後，鳩摩羅什（Kumārajiva，以下簡稱「羅什」）漢譯一本『龍樹菩薩傳』（大正五〇卷一八四頁以下）留存下來。羅什是西域龜茲人，曾經遊學印度喀什米爾地方，深究部派佛教和大乘佛教，聲名大振，不久，被後秦朝廷請來當國師，住在首都長安，漢譯了三日多卷龐大的佛經，也有律、論（這些全屬大乘佛教）及其他著名文章，而且藏栽出不少優秀門生。『龍樹菩薩傳』是其中之一，一卷小書物。可惜沒有原本留下，而且其間不乏荒唐無稽的故事，就整體來說，無法讓人儘信。此外，關於龍樹的傳記也存在吉迦夜、曇曜共譯的『付法藏因緣傳』卷五中，尚有西藏普頓、達那拉塔的佛教史等書中也有龍樹傳記。

不過，中國傳與西藏傳的內容完全不同。還有南印度海德拉巴德東南，庫利尸那河右岸的拿加爾休那康達地方進行過大規模的遺跡調查，結果，我一面參考他們的內容，一面將龍樹生涯的部份，且在今天被公認的內容略加敘述一番。

龍樹（**Nāgārjuna**）的 **Nag** 字譯作龍，**arjuna** 音譯成樹。這個組合很奇怪，因為後者是勇士，若要正確地漢譯，應該叫龍猛與龍勝才好，但現在叫慣了龍樹。據我們推測他的活動年代大概從一五〇年前後起到二五〇年左右（現在歐洲著名佛學者艾特愛奴・拉莫特主張從二四〇年～三〇〇年）。

龍樹出生南印度一個富裕的婆羅門家庭，除了天賦異稟，從小也喜歡研究學問，先讀婆羅門聖典四吠陀，再讀天文地理，等於讀遍當時所有的學問，且能統統默誦無餘。

年輕時代就已經研究各種學問的龍樹，結交三位好友，為了縱情肆欲，便學隱身術，潛入王宮，跟宮女們嬉戲一百多天後，終於被發現了，結果其他三位好友被殺死，只有他躲在國王身邊才倖免於死，而後伺機逃脫歸來。從此才覺悟「欲為苦本」的道理，藉此契機才進入佛門，而這些就是龍樹傳的大體內容。

這一來，龍樹本著年輕期的旺盛求知慾，先拜訪某山一座塔寺去出家受戒，僅費時九十天，就精讀了小乘的經、律、論三藏。之後他又去尋求其他經典，便到北印度的喜馬拉雅山一帶，得到一位老比丘傳授他大乘經典了。

從此才算正式接觸大乘經典，熱心研讀，興趣盎然，再往各國遊歷，通曉一切佛經，且曾跟各種外道辯論過，也把對方統統駁倒了。之後，他進入龍宮，從大龍菩薩手中得到七種寶藏中七寶函裏某種「既深奧的秘典和無量妙法」。一面精讀它，一面進入禪定，終於領悟這些深奧妙法。其間，龍樹非常熱衷若干大乘佛經的註釋，以致全心投入大乘佛教，同時依據這些而著作不少思索嚴謹的論述，尤其熱心地到處宣揚大乘佛教，依據『付法藏因緣傳』說，他在兩百多年或三百多年間「任持佛法」，之後到黑峰山或吉祥山入滅了。

從以上龍樹傳來推測，大乘佛教的潮流及其經典是在喜馬拉雅山和龍宮才開始被龍樹接觸到的，由此判斷龍樹時代可說是初期大乘佛教的搖籃期，還不能成大氣候。這可以讓後人感受到大乘佛教所以能向前躍進一大步，成為佛教的巨大中心，傳到中國、西藏和日本以後，居然發展成佛教的主流，而這股積極成長的原動力，無疑來自龍樹的偉大影響。

誠如上述，大乘佛教的發生雖然至今尚未明朗，但它卻已突破根深底固的部派佛教，其間含有自由精神，躍動的生命，它重視日常生活和凡夫，繼而回歸到初期佛教。

大乘佛教運動最先始於『般若經』。其間的中心思想是「空」。不要拘泥於一切事物，應捨棄固定化，拋棄執著，同時高唱無常與無我。『般若經』所說者，例如「A不是A，所以才是A」，採用不少這種似是而非的說明來完成這部經典，超越論理方法，追究言語無法說明的真理，即是「覺悟」的究竟。然而，『般若經』或「空」的名詞和思想，動不動就被人拿來自我陶醉，也許連「覺悟」也是這樣。所謂證悟，只有他本人明白，結果成為神秘兮兮，缺乏說服力，這一來，「空的論理」就非等到龍樹出來解說不可了。由此看來，龍樹一直被後人稱為「八宗之祖」（八宗都是佛教宗派），大概是理所當然，也能被人肯定的了。

著作

『龍樹菩薩傳』上說：「顯然廣摩訶衍（大乘）作優婆提舍（註釋）十萬偈，又作莊嚴佛道論五千偈，大慈方便論五千偈，中論五百偈，為摩訶衍教去天竺（印度），又造無畏論十萬偈。中論為其中一轍。」又依現在「龍樹菩薩選述」所說內容，則在漢譯藏經中留下二十部一百五十四卷，西藏藏經中多達九十五部。

龍樹有天資聰明與旺盛的研究心，才會有如此淵博的學識，在初期大乘佛教時代扮演集其大成的角色，且又很長壽，著作豐富，雖然不是不可思議，其實依據印度、西藏和中國的習慣看來，以上的數字恐怕有太多假借龍樹之名而造出的偽作。

『龍樹選述』記載若干書籍（例如『釋摩訶衍論』等），經過內容的調查之後，不但加深這種感想，尤其跟西藏密教有關的書大約佔三分之二，無疑讓人覺得好生奇怪。

今天被公認的龍樹著作——其中仍有不同意見和疑問——共有(1)『中論』（只有詩的部份）、『十二門論』、『空七十論』，(2)『迴諍論』、『六十頌如理論』、『廣破論』，(3)『大智度論』，(4)『十住毘婆沙論』、『大乘二十頌論』，(5)『

菩薩資糧論頌』、『寶行王正論』、和『菩薩勸誡王頌』等。

在以上著作裏，⑴是透過「空」觀明白敘述龍樹的思想，其中『中論』是透過『十二門論』、『大智度論』、『十住毘婆沙論』表現出來，不妨從『中論』幾首詩偈中看得很明白，發現龍樹十分熱衷大乘佛教，努力確立它的基本立場，侃侃而談，而被看作龍樹初期著述的最重要課本。它的內容如次項。

⑵是猛烈地、尖銳地攻擊外道來彰顯空的思想，『迴諍論』也談及當時的論理學，也就是論述跟正理學派的爭辯狀況。

⑶一面展現『大品般若經』的註釋，一面在每個字句裏注入豐富的學識，並細膩地分析學說、思想、用例、傳說和教團生活等，讓它們除了浸透到空思想之外，也提到曆法、算術和生物方面。這部內容浩翰又詳細的大作，恐怕包容當時許多說法，也許可以意謂一本百科全書?!但現存漢譯本（僅有漢譯，而無梵文與藏譯）僅有『般若經』初品——第一章的註釋而已，佔論述前面的三十四卷，第二品以下到九十品為止，被羅什節譯得很厲害。但也仍有一百卷，倘若全文翻譯出來，依據羅什的弟子僧叡在後記記載，恐怕「將十倍於此」。

⑷的『十住毘婆娑論』（只有漢譯）是『十地經』的註釋書，雖然這本漢譯僅

從初地到第二地中途為止，如果譯出全部，推測也可能多達一百多卷。立腳於空的思想，來解釋菩薩的十地，在這些論述裏，引用、討論和批判不少其他學說。在第九章的易行品中，提及信眾透過「信」的方便法門，不失為一條輕快捷徑。換句話說，只要信仰阿彌陀佛——念佛號便能開悟，功德無量，這一敘述頗受淨土教派的重視與注目，所以聲望特別好。還有『大乘二十頌論』說，透過空的立場到達三界——到達全世界惟有一心的境界。

(5)主要揭示實踐內容，尤其關於在家信徒的實踐教說，從修行的狀況到政治論，在這方面諄諄教誨和勸誡。

思想

不論如何，龍樹的主要著作是『中論』，其間暢談他的基本思想，以下以『中論』為中心來敘述『龍樹』思想——尤其放在「空」的思想，而它意謂佛教思想的根幹，故不能等閒。

關於『中論』的詩偈，而今有許多人寫註釋來流通，總數各本都不相同。總之，梵文本有四四八首詩偈，在『無畏論』名義下的藏文譯本有四四五首，漢譯本有四四五首，彼此有若干出入。但是它們都分成二十七章來探討，章名倒不一定完全一致。有時各章的詩偈數量也有差異。以下是依據梵文本來探討詩偈的口語譯，那麼，一1表示第一章第一首詩偈，還有鳩摩羅什的漢譯本形式老舊，因為要參考它，在不同場合只用「什」來區別，而省掉「羅」字。

誠如上述，「空」在梵文屬於形容詞或名詞的 Sunya 字。還有些字跟這個字有關連，例如，aśūnya, śūnyatā, śūnyatva，不妨拿出來檢視一下，結果發現『中論』裏有五十四個字。如果在羅什譯本找尋「空」及其有關字眼（例如不空、空義、空法及其他，加上二四18的「無」字）時，會發現五十八個字。以上各字在一首偈語會出現兩次或兩次以上，而有空字出現的詩偈，其偈數在梵文本有三十八首，羅什譯本多達四十一首，以上合計起來詳述於下：

四8、9。五1。八6。十三2、3、7（什8）、8（什9）。十七20、27。十八5。二〇16、17、18。二一9（什8）。二二10、11、14。二三8、13、14。二四1、5、6、7、11、13、14、18、19、20、22、33、35、36、37、39。二五1、2、22。二七29。

由此看來，「空」字在『中論』裏出現比較晚，且集中在第二十四章。第二十四章等於梵文本的「神聖真理（聖諦）的考察」，而羅什譯本取名為「觀四諦品」，在『中論』中屬於最長的一章，也是最重要的一章。它的重點放在最著名的第十八偈，叫做「三諦（空—假—中）偈」，這首偈裏僅出現一次「中（道）」這個字，從這本書名判斷不難明白才對。

第十八首偈的全文如下：

眾因緣生法，我說即是無，亦為是假名，亦是中道義。

將以上四十一首詩偈全部列舉出來，說明空的用意例證，也指出它的意思，而這不失為一種方法，可惜在此不能詳談，太過片斷了。因為空可說是一種思想，而不是單純的術語。所以，下面要反覆討論『中論』的全部旨趣。

『中論』的中心思想是：

緣起——無自性——空

站在這個主軸的基礎上，大概能夠充分理解空的本質、存在、意義，並得到空的論理。不妨改用別的話來說明以上的情狀。

空為無自性（niḥsvabhāva），意指上述的自性之否定，部派的體系就是建立在這套自性＝自己存在＝實體的根底上，這一點已如上述。然而，不僅部派的說法而已，其他大多數學問都設想所謂實體（Substanz）這個東西，再依據它而建立一套學說與體系。例如西方哲學不少學說都不離實體，膾炙人口的笛卡爾那句「我思故我在」，旨在懷疑一切，竭盡懷疑之能事，之後有不少例子也思考到神，精神與物體等實體存在。印度諸派哲學大概也有這種傾向，一般所謂學說、體系之類的狀況都不能離開實體，可說都以它為要旨。

其實不限於所謂哲學或學問方面，凡是我們思考某件事情時，那件事情的主體及其對象，總以為是一種存在，且不會動搖之物，倘若不這樣假定，那麼，我們會覺得這種考量本身是虛無飄渺、動盪不安，甚至不值得去考慮。這一來，實體＝自己存在＝自性這套形式總會繞著人的考量在打轉。倘若否定了這個，無異會開放無自性，而暴露空性。

把這種自性轉變為無自性，就是緣起（pratityasamutpāda）的觀念。本來，緣起思想一直被看作初期佛教以來的中心思想。但若仔細檢驗資料時，會發現初期佛教所說的緣起觀，不外十二因緣的系列，它的主軸只到「某事物的存在或消滅，緣起於其他事物」的簡單程度。至於部派佛教開拓出來的緣起觀，也只是把人的一生套進十二因緣裏，並將因與緣分開來討論或解析比較詳盡而已。換句話說，緣起一詞存在甚早，也很重要，但也尚未連接無自性，甚至發展到空的地步。例如某種存在有它本身的自性，而這裏所謂自性，即是個性，彼此相互關連的程度。

若再進一步挖掘這種緣起狀況，便會發展以上的結局，而龍樹的『中論』正是完成這項作業。『中論』裡有關這種緣起的許多論證中，我不妨找出一項例證來說明。

『中論』的第十章是全書中比較膾炙人口的，而這一章有好幾種解說，恕我不寫原文，只想略述它的內容。梵文的章名叫「火與薪的考察」，羅什譯本叫「觀燃可燃品」，為了簡化議論，我要採用前者。

大家不妨看看火在燃燒柴薪的情狀，我們看見那裏有火，那裏就有柴薪。至於那股烈火到底從熊熊燃燒的哪裏噴射出來呢？柴薪又在哪裏呢？或者火在哪兒，柴薪又在哪兒呢？實在分不出來。毋寧說，兩者已經打成一片或結為一體了，有火之處就有柴薪在。

但燒成一體化之前，那裏並沒有火，柴薪不過是單純的木片罷了，還沒有變成燃料，一旦開始燃燒了，木片就不是單純的木片，而是變成薪了，火也正在燃燒著，誠如上述，兩者在某點上開始結合成一體，有火也有薪了。

它現出兩者的一體性，並表示相互肯定的狀況。緣起的相依性（相互依存關係）從此展現無餘。

現實上，正在燃燒柴薪的火，決不是一直在靜止狀態，火是在逐漸燃燒下去，或在慢慢消失下去呢？總會處在其中一種狀態裏，這時候，火若再燃燒下去，就會使柴薪減少的，火若在消失中，就會使柴薪增大，換句話說，若是肯定火的狀況，就等於否定薪的結果；反之，若是否定火在燃燒，就等於肯定薪了。這一來，火與薪的肯定和否定關係，跟上述情況不一樣，一方的肯定通達另一方的否定，有一種相互否定的關係。這表示緣起孕育某種相互排除性，倘若再猛進一步，就會呈現矛盾的對立狀況。緣起的逆形相依性由此可見。

倘若火勢漸漸燃燒下去怎麼辦呢？薪會逐漸弱小下來，那就是肯定火，否定薪的情況在進行，直到柴薪燒完，就等於柴薪完全被否定。既使肯定火燃燒下去，當薪柴燒完時，就沒有火的存在，除非火還沒有消滅。換句話說，火已經不存在和被否定。就是以肯定的一方在進行，即是否定自己來打休止符。

反之，火若逐漸消失下去怎麼辦呢？薪就是減少燃燒場所，而擴大本身部份。縱使否定火的進行跟薪的肯定進行相連繫，倘若火勢消失，火的否定成就時，其間薪也不存在，只有一個木片在滾轉而已。那就是說，否定的進行，當然是此事在完成否定，同時陷入矛盾對立——促使肯定進行的東西也滅去，而其間依然呈現自己的否定。

這一來，兩者相互對立間的肯定——否定的進行，照道理本來是相反的，起先就是這樣在進行，雖說一方的肯定即是另一方的否定（相反情形也是如此），倘若一方強制它，只顧強行自己的肯定時，那麼，這項肯定會使另一方的存在狀況消滅，而看得見肯定成就了，這時候，自己也不得不在不知不覺中消滅、肯定之餘，也會突破否定，其間已經不存在肯定或否定的本體了。意謂兩者相互對立時，只要沒有對立留存下來，結果自己也會自動消滅。

『中論』開宗明義提到下列著名的「八不」——

不生亦不滅，不常亦不斷，
不一亦不異，不來亦不出。
能說是因緣，善滅諸戲論，我稽首禮佛，諸說中第一。

顯然，他企圖將緣起放在立論的根極位置……。

誠如『中論』所說，緣起關係其實正在表面，裏面上只看到火與薪兩種東西，殊不知兩者的肯定與否定同時進行，和反進行，還有各種存在本身的根據互相擁抱，以致構成一種逆反進行的複雜情況。

這兩種自然狀態其實環繞在我們周邊為數極多，我只不過將某種特殊場面抽象化，同時加以探究，而這種自然狀態在我們周圍到處擴大。不，這些不止兩種互相關連而已。即使我只談火與薪的例子，殊不知火起後吹風，柴薪含有水份，風的組成中有氧氣、二氧化碳，而氧氣靠植物提供到處擴敵，兩者的關係不只兩者而已。事實上，各種東西相互結合，而成就各種關係，諸如此事就是我們眼前的人世，也是娑婆世界的真貌。

其間的關係形形色色，而相互關連的狀態是無窮盡，也追究不完。若要追根究底，就會愈增加其多樣性，例如上述的火與薪的肯定和否定的進行，就會浮現出來。其間，火若燃燒起來，不管要怎樣主張火本身的存在，就會發現它是多麼缺乏根據，若要進一步強化，最後連自己存在的根據也會失掉，這一點可從上述得到領悟才對。

這樣深刻地洞察緣起的自然狀態，就是要根本否定自己存在或自性的主張，反而利用各種無自性來彰顯緣起方面有各種存在的根據。

有些事物沒有本身存在或自性的狀態，那就是它的空了。這一來，從緣起到無自性，或從起到空，或從無自性到空，這一套論理就很清楚了，藉此才能形成各種事物。

誰若能悟解空，誰就能悟解一切。

誰若不能悟解空，誰就無法悟法悟解一切。（廿四41『迴諍論』第70首詩偈）。

例如有人直喊煩惱或痛苦，不論自己怎樣以自性改變態度，而主張所謂自我存在，結果會怎麼樣呢？置身在這種世界上，不論他怎樣修行，改變態度的人既不能消滅，而且不能避免。凡俗眾生無法排除煩惱和痛苦的自性，以及自我存在，任何修行都於事無補。迷惑世界裏，被執著的凡夫不管怎樣都無法走上覺悟和解脫。因為這是從所有自性論理跑出來的。

這裏可以用到空，無自性的狀態呈現出來，這樣才能洗淨煩惱、苦痛、迷惑、繫縛及其一切根據，也喪失自我存在；之後，我們的努力、修行和精進所想要得到的世界才得以展開。凡俗的眾生總有一天會接近佛，反之，佛也能接近眾生。覺悟與迷惑相通，平常的世界和涅槃的世界之途得以開拓，既使不是佛教教團內的專家，任何人也照樣能領悟佛教的真理。

在此，我要在附述下面一段話，也就是回歸佛陀初期佛教所說的『經集』的內容。

意謂無自性及空，是以言語或概念的角色而具有否定性的要素。這會滅去自性，洗掉自我存在的根據。如果只拿出它的否定與破壞活動，而停在那個層面，把它當作惟一的武器，且陶醉在這句言語與概念裏時，那麼，這也會不知不覺地黏在這句話本身的自性上。這一來，執著於天生的自我存在，因為內含否定與破壞的本性，反而會把肯定組織化的危險與害處吹散，其實這完全是無地放矢與曲解，會變成無可救藥的破壞至上主義者。

『中論』對於這一點有過下面的警告。

諸聖者非難說，凡被空這種見解迷住的人都無法教化。（十三8（什9）後半）

你現在自己有過失，而將它迴向給我，彷佛人騎馬，而自己忘了馬（汝今自有過，而以迴向我，如人乘馬者，自忘於所乘）。（廿四15）

諸法空則不應該說，諸法不空亦不應該說，諸法空不空亦不應該說，非空非不空，亦不應該說，何以故但破相違故以假名說。（廿二11）

由此看來，我們應該完全知道「空的說法、動機、空的本身、空的意義」（廿四7、知空空因緣，及知於空義），此外，緣起——無自性——空，只有站在如此穩固的基軸上，才能掌握空的思想，而這就是『中論』反覆敘述的重點。

最後必須一提的是二諦（二種真理）說。這不僅是「永遠相下」的某種真理與認識，和「時間相下」的某種真理與認識兩者互相關連的情狀，而是進一步超越出去，這可以凸顯龍樹的前進路線。以下有關二諦說的解釋、內容，以及怎樣掌握等問題，完全是我自己的見解。

如眾所周知，『中論』只有下面三首詩偈提到二諦。

諸佛靠二諦來給眾生說法，一是世俗諦，二是勝義諦（廿四8）

如有人不懂這兩諦的區別，就不會理解佛法的真正意義（廿四9）。

若不依靠言語的說明（即世俗諦），就無法講解勝義諦。

若不依據勝義（諦），就不可能得入涅槃了（廿四10）。

還有最後那句偈也被引用在『迴諍論』（第28解說中）。至於有人把「世俗諦」譯作「世間的一般真理」，我有些不滿，這一點將留待以後敘述。若說不這樣講就很難明白的話，那麼，就應該說：「佛教的真理要用世間的一般言語來說明」嗎?!還有關於「勝義諦」的情形亦然。把單純的「最高真實的真理」改說為「最高真實的佛教真理」。當然，對於佛教徒而言，也許他們想主張佛教的真理就是原原本本的普遍性真理（不問是不是佛教），但是，它當然會有相反活動。例如依照世俗諦的觀點，1＋1=2，但這樣不適合龍樹的情況。這一點將留待以後說明。以上那些頗長的譯語在說明與記述上實在不方便，不妨原原本本使用「世俗諦」、「勝義諦」兩個名詞來得便利。

若將以上三首偈語加以圖式化，就不難理解二諦的內涵，我將它歸納成這種圖式：

世俗諦→勝義諦→涅槃

第十首偈語是「……若不依靠……就得不到……」，前件與後件都用否定方式。而不說成「若依靠……就能得到……」。這個意謂後者是充分條件，反之，我們應該說『中論』想要必要條件。我們一定要理解以上圖式在這方面的意義。

不過，『中論』到底把「世俗諦」做何解釋，以及「勝義諦」的內容怎樣，則完全不提，只有突然冒出以上三首偈來。因此，就使龍樹以後的印度中觀派內部產生各種爭論，而同樣情形也出現在嘉祥大師吉藏的書籍——『二諦章』裏（大正藏四五卷）。（關於這些問題，以下兩篇論文也有討論——西義雄「真俗二諦說的構造」，野澤靜證「中觀兩學派的對立及其真理觀」，兩者都在宮本正尊編『佛教的根本真理』三省堂所收。）

但依我看來，兩者都留有模糊之處，可以束之高閣。尤其『大毘婆沙論』（卷七七）和『俱舍論』（第二十二）等書的說明更應該捨棄。換句話說，世俗諦等於靠一般世間常識來理解的真理，而勝義諦（第一義諦）無異佛教的最高真理等解說都要丟掉（倘若採用這套解說，那麼，它不外反映原原本本的認識論，世俗諦也許屬於哲學的認識論，而勝義諦也可能列入宗教的認識論裏）。

上述是部派佛教幾位著名的論師對二諦說的觀點，其實，『大品般若經』提到為數不少的二諦說。這些大體分成兩類，一類是原先「囑累品第六十六」以前的東西，另一類是以後的東西。前者沒有「諦」字出現，只有「世間法」與「第一義諦」的情況。後者有多處附有「諦」字，縱使沒有附上，也能明顯地讓人覺得它是「兩處而已。關於這方面的詳細說明都放在拙著——『般若經的真理』（春秋社）的第一部第一章第五節，尤其列於「二諦說」的項目，長達五頁，除了列出資料，也詳加探討，在此只記載最後的結論。

「世俗諦與第一諦都一樣是諦，也意指真理，且都是透過佛教而展現的真理。

它們有其相通處，不過兩者中的世俗諦，係用言語來解說，反之，第一義指言語所不能及的世界。換句話說，世俗諦是在表現方面持肯定態度，也是積極的；反之，第一諦除了否定外，也無法表現，而且表現本身（言說、論理、語言）是不可能的。」

在此，恕我舉出『大智度論』（卷一、大正藏，二十五卷五九頁）著名的四悉檀說。悉檀是 siddhanta=siddha+anta 的音譯，也有時譯作「成就的極致」、「宗」、「理」等字。關於四悉檀，也就是指世界悉檀、各各為人悉檀、對治悉檀、第一義悉檀，我也曾在拙作裏詳細探討了。恕我再簡略地說，所謂世界悉檀，是指有些東西的原因與諸項條件都齊全才結合而後存在，而不是它以實體的角色另外存在。所謂各各為人悉檀，是指各人的心及其活動經過仔細觀察，再說出適合他聽的法，即使同一件事有時可以被接受，而有時也無法被接受。所謂對治悉檀，是替某種法對治某種病時，縱使能生出效果，但也不表示它本身會有法的實體。所謂第一義悉檀，是指離開一切過失，始終最殊勝。這時候已經超越一切言語所能表現的情狀，連內心思考的餘地也消失，諸法呈現原貌。

這個意思極端深奧，既不易看到，也很難理解。

這裏既不觸及四悉檀與二諦的結合，到目前為止也還沒有提到它。因此，我要把前面三項悉檀跟世俗諦連結，也將最後的第一義悉檀跟勝義諦連結起來。這一來，世俗就不單是上述那種世間的真理而已，用世間的言語來解說佛教的真理，而且佛教也意謂一種真理——教人理解世間的方法——兩者聚集一處不是更明白嗎？

不妨再回到『中論』來思考它的結構，『中論』第二十四章後面的「涅槃品」，只提出以上三首二諦說，而且放在前面第二十二章「如來品」裏。我們不妨從中各引用一偈來說明。

涅槃的邊際，即是輪迴世間的邊際。
兩者之間，沒有任何差別。（廿五20）
如來的自性（實體），即是世間的自性（廿二16）
如來無自性，這個世間也無自性。

不消說，這是重新指出如來證得了涅槃，這一來，我要將『中論』所示的圖式：

世俗諦→勝義諦—涅槃

擴大成世間→世俗諦→勝義諦→涅槃→世間

接著，我要在下面說明這套圖式：

世間─我們生存的地方，我們在此運用語言、認知事物，至少有緣起在控制這些情狀。同時成立哲學的認知。

世俗諦─透過『中論』的論證，不妨用簡單的圖式來觀察這個世間，結果是：「（緣起）→無自性（空）」這項運行的真理，而它要用言語來說明與認知的。

勝義諦─「空」在這種境界裏實現，我們的認知一片黑暗，言語無法表達的狀況呈現出來，這是宗教的認知。

涅槃─最高的覺悟境界，既無從認知，言語也不能表示，甚至完全沈默的世界。一切都已經吹熄了，但是，那裏絕對不是一個死的世界，反而跟世間緊緊連結，世間的實踐在積極活動。在實踐方面，涅槃是出現世間，反過來說，世間可以實現涅槃。

在此，不妨採用『中論』最著名的「三諦偈」（廿四18）那一套──「緣起──（無自性）──空──假──中」，就可以描繪成下列圖式：

緣起　　　無自性、空　　　假　　　中
世間──世俗諦──勝義諦──涅槃──世間

這裏若要用所謂往相與還相來稱呼的話，那麼，這也許不失為一項命名。然而，它可不是單純的往還。換句話說，那不是到達目的地，之後又回到原地的情形。毋寧說，它屬於以下的情狀：

站在世間的立場上說，它是開始，而勝義諦等於目標。不過，那不是最後目標，其次，世俗諦為開始，而勝義諦為目標，然而，它也不是最後目標。其次，勝義諦是開始，涅槃是目標。然而，涅槃也非終極目標。這個涅槃把世間當作目標，以上的進行不是圓環。毋寧說，它描繪著螺旋在前進，我們站在這個螺旋上面，至於立足點是世間、世俗諦、勝義諦、涅槃；若說站在世間，那麼，我們常常站在那裏，但不是站立不動，而是在那裏走著，那就是宗教實踐所說的自我認知。若再用另一種觀點說，也不妨叫做宗教的認識論。

哲學的認識與宗教的認識論，一面不停地適應，一面在完成中。我們是身在「永遠相下」，也處在「時間相下」的現實上活動。這些不是別的東西，我們在接觸時間之相，與永遠之相。我們站在上述的螺旋上面前進；依我看，不妨把這兩種相的自覺重新叫做龍樹那套空的理論才對。

還有龍樹有一位弟子叫提婆（Āryadeva）著有『四百論』、『百論』、『百字論』等書。因為他曾用銳利的論法折磨和為難對方的學派，結果被對方憤恨地殺死。據說他死前仍在訓誡：「絕對不許怨恨敵人，也不要想報仇。」還有別的傳說，根本沒有這回事，他活得很長壽……。

據悉提婆有一位弟子叫做羅睺羅跋羅（Rāhlabhadra）。這個系統到六世紀復興為中觀派，之後就完全沒有消息了。

在中國，有一位嘉祥大師吉藏在隋末唐初成立。三論宗——以『中論』、『百論』、『十二門論』和龍樹，以及提婆等三種論書為中心，三論宗傳到日本，豐富了奈良佛教的初期。

第四節　如來藏——佛性思想

雖然重複說明未免有些奇怪，佛教意謂佛陀開創的教法，其實，佛（Buddha）本來不是專有名詞，而是普通名詞，意謂覺者也。所以，佛就不限於喬達摩．佛陀一人，而是包括所有深厚潛力者，範圍十分浩翰。古代盛行輪迴轉世的觀念，故有過去七佛的思想。

後來有未來佛的彌勒佛，到了大乘佛教時代又有其他如阿彌勒佛、毘盧舍那佛、大日如來、藥師如來等紛紛出現，諸如此事已在前面詳述過了。佛的範圍又在擴大，直到一切眾生，都有成佛的可能性，或充分的潛力。那就是如來藏和佛性思想。這一來，佛教除了上述的意義以外，又意謂成佛作祖的教法。這種思想完全是佛教獨自的思想；不僅為基督教與回教所沒有，而且它們也沒有這種教義。

『如來藏經』、『不增不減經』、『央掘摩羅經』、『大法鼓經』、『勝鬘經』、『涅槃經』、『楞伽經』、『無上依經』、『大乘密嚴經』等都以中期大乘佛經的姿態呈現，旨在講解如來藏和佛性思想而膾炙人口，這股思想被歸納在『究竟一乘寶性論』（Ratnagotrāvibhaga-mahāyānottaratantra-śāstra）裏，據說那是彌勒和堅慧寫的。還有討論這種思想的教科書，計有『大乘法界無差別論』、『入大乘論』、『大乘莊嚴經論』、『佛性論』、『大乘起信論』等。

如來藏的原字是（tathāgata-garbha）。其中，前者指如來，後者意謂胎兒與娘胎兩種。那麼『如來藏經』就叫做『眾生為如來的胎兒』，可以解作：眾生有成就如來的可能性。從此就將 garbha 譯成「藏」了。

這種思想早已存在遠古初期佛教所說「自性清淨心」裏。眾生的心本來清淨，有時被煩惱包圍而污染了心（叫「客塵煩惱」），在部派中，尤其大眾部完全接受這個論點了。再到大乘佛教時，這種思想飛躍式發展起來。例如『法華經』一面預言菩薩、比丘和比丘尼等許多佛弟子之外，也預言全體眾生都能成佛（授記），且會做佛子。『法華經』利用方便，而將三乘分別解說，最後歸諸一佛乘。還有『華嚴經』（『六十華嚴』）的「如來性起品」、『八十華嚴』的「如來出現品」也展開一種泛佛論——佛為眾生而遍在各處，這些論點都在促使佛性思想發展。

『如來藏經』說：不管佛出世、或不出世，一切眾生的如來藏都是常住不變。此外，這部經又用下列九種譬喻來說明如來藏的狀況。

(1)佛彷佛坐在枯萎的蓮華花瓣裏。
(2)彷佛群蜂圍繞的淳蜜。
(3)彷佛被皮殼覆蓋住的穀物之實。
(4)彷佛落在骯髒所在的金塊。
(5)彷佛埋在窮人家中的珍貴寶藏。
(6)彷佛栽培果種，必定長成大樹。

(7)彷佛捲在破布，被丟棄在路上的七寶佛像。
(8)彷佛窮女孩身懷一個高貴帝王的王子。
(9)彷佛鑄製一座黃金像在地上。
由此可見一切眾生都存有如來藏。
就用這樣極為簡單的理論來說明如來藏的存在。
『不增不減經』說：「眾生界即是如來藏，如來藏即是法身。又說眾生界即是法身，法身即是眾生界。」
眾生界存在下列三種性質：
(1)如來藏從無始以來就一直共存著，且為本質上結合的自性清淨心。
(2)雖然如來藏從無始以來就一直共存著，但它在本質上被非結合（客塵）的煩惱所污染的自性清淨心。
(3)如來藏歷經未來永劫都是平等、常住的法性。
在如來藏中，最膾炙人口的是『勝鬘經』。誠如上述，該部經的主角叫做勝鬘夫人，乃是一位王妃。同時經上預言夫人將來會成佛。經典內容先提到夫人立下三大誓願——正法的理解、教示，護持和攝受，接著討論正法，之後談到聖諦。就是在四聖諦裏，苦與集與道三諦，乃是小乘佛教徒——聲聞和緣覺——的有為方便，只有滅諦才是無為、無餘的真實依靠。所以，滅諦是常住不變的法身。經典堅決表示這個法身被煩惱層層包圍時雖然叫做如來藏，殊不知如來藏這種東西是本來乾淨的自性清淨心，一切事物包括有為諸法和無為諸法，以及迷惑輪迴、開悟解脫等一切原動力都是如來藏。所以，如來藏是不生不滅，超越有為法的常、恆、清淨與不變。

到了『涅槃經』（譯稱『大般涅槃經』）時，就用「佛性」一詞代替「如來藏」了。據推測佛性是 **buddhadhatu** 的譯字，但 **dhatu** 有許多意思。在此似有根據與原因等意義，故有人譯作界或性。這一來，自然就譯作「佛性」了。所謂經者，它的中心題目在敘述佛的法身常住性與佛性的普遍性，尤其那句膾炙人口的話「一切眾生悉有佛性」最感人肺腑。

這部經比起以上所談的所有經典都要大，無疑相當龐大，關於佛性的探討，主要放在「如來性品（第四章）」裏。這裏所謂佛性是指斷盡有為諸法而得到的解脫也。在此，很肯定我，那是原原本本的佛教，這個佛性對於信賴小乘無我說的人非常難以接受。像這樣肯定佛性，也就是我的肯定，並非單純指存在論方面的意思，而是依據中道——超越我與無我的對立——的立場。雖然，這部經針對無常、苦、無我和不淨，而提出常、樂、我、淨的論點，但是，這個論點也依據這個立場，而不是原原本本那樣單純的肯定，對於這一點大家一定要明白。這時候，並非擁有固定的性質，反之，諸法是「不定」的。經典提到的論理也能用在佛性方面，而最尖銳化者莫過於「一闡提成佛」的問題。本來，一闡提缺乏成佛條件，才會缺少佛性，雖然，這部經面對這方面的激烈批判，但也照樣說出一闡提最後也能成佛。

以上諸經所討論的如來藏思想，能在教義方面集其大成者，要算那本『究竟一乘寶性論』（簡稱『寶性論』）了。它的內容是聚集上述如來藏和佛性思想之大成，引用不少以上經典的內涵。下面一段文章出自高崎直道博士的著作（『講座佛教思想』第三卷「如來藏和佛教思想」）。他是這方面的專家，我不妨抄錄一段來參考：

※　※　※

從『寶性論』的「造論目的」所說的內容中可以看得很清楚，自他平等觀是如來藏思想的基本觀點。其間提到如來藏思想的講解目的在「除去五種過失，旨在使眾生生起五種功德」。

(1)、有人自以為不能覺悟，懷有畏怯心，告訴他們身上有如來藏，好讓他生起大勇猛心。

(2)、有人發心，就對未發心者存有輕蔑之意，那就要告訴他一切眾生都有如來藏，故要對眾生表示敬意，把他們當大師來看待，透過這樣來激起他生出自他平等的念頭。

(3)、有人把虛構的東西執著為實在，面對這種人要靠般若智慧向他解說煩惱的空，和客塵的情狀，使他除去過錯。

(4)、有人誹謗真實法，要用如來的後德智慧，彰顯不空的如來藏德性。

(5)、有人懷有強烈的我執（愛自己），面對這種人要依據慈愛，使他能以平等心對待自己與別人，藉此精進，修行成佛。

總之，該文的旨趣就是這些。有人否定虛構的自我，而站在自覺有如來藏的立場（懷有佛子自覺的人，菩薩），回到一度被否定的平常世界來，要扮演當如來的角色——實現如來那種角色的自我，就是站在自他平等觀上，教化眾生的行為。這是佛教徒應有的社會表現。但可別忘記：即使是一位菩薩，他的行為也一直得力於如來的支持（加持 adhiṣṭhāna）才能表現出來。

第五節　唯識說

『解深密經』、『大乘阿毘達摩經』是中期的大乘佛教，它們首先提到唯識說（Vijñānavāda），接著有彌勒（Maitreya），之後靠無著（Asanga）和世親、天親（Vasubandhu）來集其大成。關於彌勒一向有兩種說法，一種把他看作歷史人物，確有其人，另一種把他看作未來佛。而今住在兜率天，但兩種都不明確。至於世親、天親的年代也有兩種說法，一種說在三二〇～四〇〇年前後，另一種說法在四〇〇～四八〇年前後。其中也有人主張世親、（天親）有兩位。因為無著是世親、（天親）的哥哥，所以，依據前者來推斷他應該在三一〇～三九〇年前後，若依據後者推斷，他可能在三九〇～四七〇年前後。

據說世親、（天親）以後出現過十大弟子。那爛陀（Nālanda）大僧院建立在五世紀初業。那裏佛學研究非常興盛。六世紀初期，出身那爛陀的德慧（Guṇamati）搬到印度西部的瓦蘭毘（Valabhi）他的弟子叫安慧（Sthiramati），依據世親的著作——『唯識三十頌』而撰寫些註釋來教授不少學生。他這個系統叫做「無相唯識派」（Nirākāravādi-yogācara）後來由一位真諦（Paramartha 四九九～五九〇年）傳到中國後成立攝論宗——曾經興旺一時。

有一位陳那（Dignaga）在五世紀初非常活躍，他進一步發揮世親那本『唯識二十論』的理念，而著作一本『認識的對象考察』（Ālambanaparīkṣa 漢譯為『觀所緣論』），這一系統叫做「有相唯識派」（Sākāravijñānavādin），傳到無性（Asvabhāva 四五〇～五三〇年左右），和護法（Dharmapāla 五三〇～五六一年），便在那爛陀寺院認真研究和學習。後來護法有一個弟子叫戒賢（Śīlabhadra 五二九～六四五年）也在那爛陀寺當住持，不久唐玄奘來向他學習，回國後，便把其他學者對『唯識三十頌』的註釋見解和批判譯成漢文，而這叫『成唯識論』。中國佛教徒依據它建立法相宗，它在中國獨自發展，結果使護法的攝論宗埋沒了。之後，法相宗經由道昭、智通、智鳳、玄昉等人傳去日本，到奈良時代興盛得很，而這個傳統被奈良諸寺所接受，到了江戶時代就出過不少優秀學僧，這門學問仍然傳到今天。

無相唯識與有相唯識的大差別，在於雙方處理阿賴耶識的態度不一樣。前者認為阿賴耶識也是空，徹底否定它，最高實在呈現於個體的現實上，能得到看見與被看見都分不開的絕對知，而後者認為阿賴耶識是一種實有的識體，它會變化而產生看見與被看見的東西。如依照這種說法，即使得到絕對知，阿賴耶識也不會被否定，其間滿盈的煩惱潛在勢力會被消滅，所以在絕對知方面，就存在看見與被看見的東西。

下面是依據天親的『唯識二十論』與『唯識三十頌』，更詳細地探討唯識說（兩者都借用渡邊照宏博士的譯本）。

※　　※　　※

關於唯識（Vijñapti-mātratā）的內容，『唯識二十論』開宗明義這樣說。

如果依照大乘的教法，我們的經驗世界不外識別（Vijñapti）而已。原因是，經典（『華嚴經』）上也說：「勝者之子（佛弟子）呵！這個經驗世界不外心（citta）而已。」

心（citta）、意（manas）、識知（Vijñāna）、識別（Vijñapti）是相同意義。在這種情況上，所謂「心」者，就是考量各種心理作用。所謂「只有」、「不外」者，即是否定外界存在的意思。

第一頌：這個世界不外識別而已。把不實在的東西當作對象反映出來。例如眼病患者看得見不實在的毛髮，或雙重月亮等情形相同。

因為這種識知本身以對象姿態反映出來，例如眼病患者看得見不實在的毛髮，或雙重月亮的情形一樣，對象是完全不存在的。

上述「反映」這個譯名，出自 **abhasa** 這個字，通常譯作「顯現」、「似現」。例如說「無者好似有者顯現出來」，意謂將不實在的東西暫且現出像實在的東西。

※　　※　　※

透過上述的引用文章，不難明白唯識主張的根本態度，反過來說，就會變成以下情形。

我們認為圍繞自己周邊的外界，就是原原本本的實在。於是，在常識上會根深蒂固地以為我們身邊接觸的對象也都是它們本身的存在。唯識說毫不客氣地否定這種想法。所謂外界、對象和一切現象全部不外一種識別而已。

其實，它們都不存在，只不過存在一樣顯現而已。倘用識別一詞不易明白的話，不妨叫做表象好啦。否則，也可以叫做心的意象。唯識說主張用好像心的意象，圍繞我們身邊的存在情形一樣，但這一切終究是心的意象的投影罷了。由此可知，『唯識二十論』進一步詳述外界對象的非存在性。

接受這項論點之後，『唯識三十頌』進一步說明「識的變異」（Parināma）在造作世界、外界與存在。那就是——

第一頌abc　其實各種假說，就是關於個人我及存在要素的出現，而這些假設會出現在識知的變異方面。

第一頌d　這些變異有三類。

第二頌ab　（一）是行為的成熟，（二）是名叫思考者，以及（三）是對象的識別。

關於這三種的內容將留在下面詳述，我先用下面的詩進一步詳述前面『唯識二十論』所說的情狀。

第十七頌　這種識知的變異是構想。凡是依靠它所構想出來的東西都不是實在。所以，整個世界不外一種識別罷了。

關於以上三種變異，再說明於下：

第二頌cd　其間所謂「行為的成熟」，根本叫做識知（阿賴耶識）的情狀，內藏一切種子。

第三頌cd　（一）感觸、（二）注意、（三）感受、（四）想念、（五）常常伴隨著意志。

第四頌ａｂ　（屬於根本識知的）感受是不偏的，而且是無障礙的中性。

第四頌ｃ　感觸及其他亦跟這個一樣。

第四頌ｃｄ　這種（根本識知）是以流動姿態在活動，例如激流也。

第五頌ｂｃｄ　依據那個東西（根本識知）在活動，以那個東西為對象者，就是取名為思考的識知，以思考作用為本質。

第八頌ｂｃ　第三的變異在知覺六種對象。

若將以上綜合在「識」裏面時，就等於這樣——

(1)阿賴耶識

(2)末那識（思考）

(3)六識

上面談到「種子」一詞，自古以來就用過這個名詞，意謂某事的結果，同時可能生出某事來。

阿賴耶識的阿賴耶（ālaya）指「住居」、「容器」和「藏」也。因為阿賴耶識維持我們的身體與生命，所以也叫做維持識。如果加上以上的的頌，就等於說從無限的過去，到現在的一切行為留下來的餘力和餘習，以一切種子的姿態，被儲藏在倉庫裏。所以，阿賴耶識也可叫做一切種子識。它所以屬於根本或根源的東西，係因為一切識別與識知等於潛在意識的性質。雖然肉眼看不見它，然而，它存在一切其他諸識的根底下，扮演積極運作生機的角色。

關於末那識（**mano nama vijñana**）——

第六頌ａｂ　其間常常伴隨四個有障害的中性煩惱。

第六頌ｃｄ　這四個是：（一）我見（妄信個人的我）、（二）我痴（迷惑個人的我）、（三）我慢（對個人的我有慢心）、（四）我愛（愛著個人的我）。

第七頌ａ　在四個煩惱裏，特別伴隨本人出生時，只屬於自己世界與地位的東西。

第七頌ａｂ　伴隨著對其他事物的感觸等。

由上述看來，末那識也不妨稱作自我意識。還有上面第六ａｂ那一項裏，因為常有煩惱伴隨，故也能叫做「污穢的意思」。又如第五頌前頭所說，這種自我意識係出自阿賴耶識。

六識包括眼識——用眼睛識知與識別色（物質）；耳識——用耳朵識別與識知

聲音；鼻識——用鼻子識知與識別香氣；舌識——用舌頭識知與識別味道；身識——用身體識知與識別能被接觸的東西；意識——用意念識知與識別能被思考的對象。誠如上述，這六識也出自阿賴耶識。這一來，自我意識（末那識）和六識都是「現勢性的識」。

到現在為止，我都在談論自我意識及六識出自阿賴耶識的過程。同時，後面兩種的活動餘習也有還原阿賴耶識的方向。那是阿賴耶等於倉庫（藏）的意思。變成一種循環過程也。換句話說，情況會這樣——不消說，佛教的根本思想是無常，在阿毘達磨佛教中，無常被看作剎那滅。那麼，這在唯識說裏又是怎麼回事呢？任何行為（包括識）也是剎那現在，過去落下。在落下之際，阿賴耶識也有餘習留下來。這個餘習以種子的姿態被儲存於阿賴耶識中，它變成熟（經過「識的變異」）、再在那裡生出諸識，之後產生行為。這種循環的產生，且在每一剎那都是如此現象。

唯識說的另一種重要思想是：「存在三樣態」。那就是『唯識三十頌』的第二十頌以下所說的情狀——

（一）被構想的存在（遍計所執性）。

（二）相對的存在——依存於他的存在（依他起性）。

（三）絕對的存在——被完成的存在（圓成實性）。

所謂「被構想的存在」者，相當於那種由阿賴耶識、自我意識和六識造作出來的對象，它如當初所說那樣不存在，或無。

「相對的存在」是：

第二十一頌ａｂ　跟這相反，相對的存在雖然有構想，卻是各種機緣集合而生起的東西。

由此可見，它雖然包括阿賴耶識在內全部的識的構想，倘若這個識的對象已經明顯是無的話，那麼，在對象與依存關係所存在的識也等於無。

「絕對的存在」是：

第二十二頌ａｂ　這個絕對的存在跟相對的存在既非不同的東西，也非不是不同的東西。

這種說法也已經在第廿一頌ｃｄ說過：

第二十一頌ｃｄ　又再從這個相對存在中，將前邊那種被構想的存在要素完全消去的狀態，即是絕對的存在。

不論從前者看來，或從後者的消去——從所謂否定的觀點看來，這也依然叫做無。若將以上全部歸納起來，就等於「三性三無性」。

這可用第二十四～第二十五頌ａｂ來說明於下。

在三種類裏，從第一被構想的存在那種性格本身來看，就已經是無存在。其次，因為第二的相對存在缺少自主的存在性，所以依然是無存在。還有這種相同相對的存在是存在要素的絕對性（第三的絕對存在）。所以，這也叫做「真如」。

第二十五頌ｃ　在一切場合（不論在那種境界）都因為真實原貌，所以被稱為真如。

第二十五頌ｄ　這種真如依然叫做「不外識別而已」的真理。

這些都跟最先所說的唯識說之根本立場相連結。若要有這個自覺，只有從所謂迷的世界轉到悟的世界而已。

但進一步到實踐階段，就不能拘泥於所謂「只有識別而已」了。倘若心不斷地受到威脅，而被拘泥的時候，甚至連「只有識別而已」的情況也談不上安定了。

第二十八頌　反之，如果認識活動完全不會感知現象，那麼，就會在「只有識別而已」這種真理中安定了。原因是，如果認識對象不存在，那也等於沒有認識它。

第二十九頌　這是因為心變成無，感知已經等於無了。這是超越世間的認識，由於根絕道德與認識論的二種妨害，所以，基底之處的根本識知就起變化。

第三十頌　這就是脫離污穢的領域，超越思考的善良的、永恆的、充滿歡喜的，它是解脫身，也是被稱為大聖人（佛）之法的狀況。

以上可以綜結『唯識三十頌』了。

這種心境其實能在實踐瑜伽時達到，因此，這些人努力精進瑜伽行，自然叫做「瑜伽實踐者」（瑜伽師）。

第六節　佛教論理學（因明）與哲學

佛教論理學（因明）

只有希臘人和印度人才是開創論理學這種學問的文化和民族。希臘的論理學，尤其被亞里斯多德打下基礎，經過中世紀，就大為興盛，求學的人增加起來。雖說在康德手上豐富不少內涵，其實，形成論理學是連貫西洋哲學的一根柱子。最近，有一門採用特殊方式的記號論理學，起源於歐美，之後在各地非常盛行。

同樣地，印度也創造論理學，之後成長和發達起來。首先在紀元二～三世紀，由正理學派奠定印度論理學的基礎，後來，佛教也將它吸收進來。正理學派與佛教論理學不停地反覆爭論。所以，佛教論理學在所謂中期大乘佛教時期才出現和發達起來。

正理學派有一種論式叫五分作法。內容如下：

（一）主張（宗）　那座山上有火。
（二）理由（因）　因為有煙的緣故。
（三）實例（喻）　任何有煙的東西都有火。譬如爐灶。
（四）適用（合）　像出煙的爐灶，那座山也是如此情狀。
（五）結論（結）　因此，那座山上有火。

在佛教論理學方面表現卓越者，無疑是在上面唯識那節提到的陳那（Dignaga四八〇～五四〇年前後）。他曾將歷來的論理學改頭換面，耳目一新，且樹立一套新論理學。在他以前，論理學叫做古因明，從他以後就叫新因明，原因就在於此。

他重改以前的五分作法，讓它變成「三支作法」，不妨用前例來解說於下：

宗　那座山上有火。

因　因為有煙的緣故。

喻　(1)同喻——凡有煙的東西都有火，譬如爐灶。

　　(2)異喻——凡是無火之物也都無煙，譬如湖水。

如將這些改放在亞理士多德式的三段論法上，就變成——

大前提　凡有煙的東西都有火。

小前提　那座山上有煙。

斷案　因此那座山上有火。

但在三支作法與三段論法之間，術語方面有所不同。且在形式論理學的三段論法規則，例如媒概念周延的法則等。在因明方面則以因的三相——九句因說的方式詳細推敲。這方面有北川秀則博士做過詳細討論（北川秀則『印度古典論理學之研究』，被選入『講座佛教思想』第二卷的「中期大乘佛教論理學」）。

陳那的論理學被收集在『集量論』、『因明正理門論』裏。

在陳那之後，這套論理學就由法稱（Dharmakirti 六五〇年前後）加以充實和精緻化。他寫一本『論理學要論』，一面將新因明簡單地歸納起來，一面將陳那的『

集量論』，寫成一本註釋叫『知識論詳釋』。

法稱和陳那一樣，都以知識根據方式，只認同直接知覺與推論兩種，卻在推論方面區分以下兩者，一是來自證因本身的推論，二是將結果當作證因的推論。例如：

前者之例——主張　這是樹木。

理由　因為這是辛夏帕樹的緣故。

後者之例——主張　那座山上有火。

理由　因為那座山上有煙的緣故。

還有一點蠻有趣的是，不論陳那或法稱，還是後代的論理學集上，都把推理分成兩種——「為自己的推理」和「為別人的推理」。前者是為了自己的理解才去推論，以知識為主體。後者是為了使別人理解才去推論。因為要讓對方明白起見，才在形式上整理各種命題，透過語言陳述的推論式。區別在於推論式到底能否陳述得出來？因為全屬形式性，故在論理上沒有理由有差別。關於這一點，梶山雄一教授在「後期印度佛教論理學」（『講座佛教思想』第二卷）上面詳細探討。

『大乘起信論』、『楞伽經』首先綜合如來藏思想和唯識說，尤其在中、日兩國擁有許多讀者。

中觀派繼承龍樹的系統，長期中斷之後，終於在六世紀又復活。出了一位佛護（Buddhapālita 四七〇～五四〇年前後）和另一位清弁（Bhavya, Bhāvaviveka 四九〇～五七〇年前後），各自寫些『中論』的註釋。不過，兩人的立場是互相對立，佛護的系統叫做歸謬論證派（Prāsaṅgika），清弁的系統叫做自立論證派（Svātantrika）。後者靠某種獨立的論據而將空的理論展開來；反之，前者自己沒有任何主張，只指摘對方的任何論理都不對，將所有誤謬全都歸罪於對方，所以才取這個名稱。這一派後來出過一位月稱（Candrakīrti 六五〇年前後）也寫一本關於『中論』的註釋，而它是惟一現存關於『中論』的註釋本，相當珍貴。其間，他明白表示：「我沒有任何一個積極主張的肯定說法。」他也在『中論』中表明這種見解，而他的見解在西藏頗有讀者。

又有一位寂天（Śāntideva 六五〇～七五〇年前後）也站在中觀派立場寫一本『菩提行經』（Bodhicaryāvatāra）。這本書由九一七首詩組成，屬於實踐性的教訓，特別以六波羅蜜為基本，強調服務別人（利他行）的偉大。不妨摘出一段中村元博士的譯文於下——

在一切有情眾生中，有許多人在找尋燈光，而我要做他們的燈火。有許多人在找尋寢台，而我要當他們的奴僕（三、一八）。

今天也為了要崇敬諸如來，我要在這個世間以全身上下充當奴僕，眾生呵！你們雙腳踏在我的頭上吧（六、一二五）。

此外，他也寫有『大乘集菩薩學論』和『大乘寶要議論』等書。

後來又出現一位師子賢（Haribhadra 七〇〇年前後），寫過彌勒的『現觀莊嚴論』和『八千頌般若』等註釋。

有一位寂護（Śāntirakṣita, Śāntarakṣita 六八〇～七四〇年前後）綜合中觀與唯識（有些學者把他列入無相唯識），而寫一本『真理綱要』（Tattvasaṃgraha），共計三六四〇首詩偈，龐然巨作也。其間，關於「緣起」方面，他展開唯識的解說，也頗多論及法稱之處。寂護又寫一本小書叫『中觀莊嚴論』。

他有一位弟子名叫蓮華戒（Kamalaśīla 七〇〇～七五〇年前後），寫一本『真理綱要』的註釋。另外又寫『廣釋菩提心論』（Bhāvanākrama），這本跟『中觀莊嚴論』同樣在西藏深受歡迎，被看作珍貴的書籍。

此外，後期大乘佛教的學者，人材輩出，研究也頗為可觀，其中出了一位蓮華生（Padmasaṃbhava 七〇〇～七六〇年前後），據說他把佛教傳入西藏，僅記載這些就打住了。

第七節 密 教

喬達摩．佛陀嚴禁又排擠世俗的一切咒文、迷信、咒術和密法等活動。這些例子在初期佛經裏處處可見，例如佛陀遺囑有一句話：「師上無拳法」，這是指沒有握拳，意謂手上沒有隱藏什麼東西。

換句話說，佛陀的教法是向眾生公開，一視同仁，而這就是佛陀的人格及偉大教理，也是救度的實情。如此否認和排斥咒術與魔法，無異初期佛教教團的基本特性之一，這也意謂他們不皈依魔法，而是徹底實踐自我凝視和自我直視，才能不違背佛陀的根本立場。這也是反叛當時婆羅門教的宗教儀禮，因為婆羅門教一直借用咒術之類的力量來控制人心。

如果再往前追尋，阿利安人當初侵入印度而建立的文化與文明，懷抱相當理性主義的思想。可惜，他們侵入印度後，跟非阿利安人來往，就受到對方相當程度的影響了。我們不妨閱讀阿利安人侵入印度西北部，定居後最先完成的宗教聖典——吠陀（Rg-Veda），就會發現那些讚嘆諸神的歌詞裏，約有三十首左右的咒術真言。但若從整體而言，這也只是極少部份而已。當阿利安文化與非阿利安文化的融合過程中，先後完成三吠陀，若閱讀其間的內容，也發現其中 **Atharvan** 裏有非常多的咒文與咒法比例。例如，有些是惡鬼與惡靈作祟引起的災害，而有些是神與別人的咒罵引起的，反之，就要舉行大規模的咒術，藉它的力量來除去上述的情形，諸如此類的傾向屢見不鮮。

婆羅門教繼承這種傾向，不斷跟阿利安人、土著民眾接觸和交往之後，自然使咒術咒法更熱絡、更進步。所謂婆羅門，有段時期竟然被看作魔術師一般，專門裝神弄鬼、借諸神的力量，念唱咒術、妖惑人民。

但自佛教出現以後，就遠離這種思想，致使反婆羅門的風氣盛行，出現不少自由思想家否定婆羅門的權威，而這些已在本書前面提過了。

佛陀也尊敬婆羅門，不過，那時候的婆羅門的內涵發生巨大的變化，所以，佛陀尊敬的婆羅門是那些有智慧，不為非作歹的正人君子和正派人士。

但在佛陀傳裏，竟有不少奇跡的記載。雖然佛陀一直警告徒眾不要濫用神通，但佛陀也記述不少自己大顯神通的事情。例如佛陀受胎和誕生後，就在恆河上步行；又曾用神通打敗迦葉三兄弟，和其他若干神通故事。其實，這不是說明佛陀個人運用咒術的事，而是後代的佛陀傳記作家為了要將佛陀超人化、神格化，逐漸升級的一種宗教敘述而已（以上所說的各件神變也未嘗不能做合理的解釋）。

佛教的擴展固然得力於比丘、比丘尼和教團的擴大，但最重要的原因，無疑是佛教滲透到廣大民眾裏了。

當時，上述佛陀傳裏的奇跡故事一定被傳教者充分活用。還有佛陀的「本生談」故事是跟印度特有的輪迴思想結合後產生的，裏面有許多不可思議的故事和神話，而這些都被納入大乘佛教前後文學裏，被傳教者拿出來方便運用了。

在經典（所謂初期經典）裏，新編輯的內容不知不覺使人對咒文的態度起了變化。其間也含有若干咒文，尤其使人默認防身用的咒文。這就是巴利聖典的巴利塔（**Paritta**）。而今東南亞的教團為了使自己免於災害，也有防身用的經典可以誦讀，且為數不少，稱它為巴利塔。

到了大乘佛教時，就跟一般民眾有了緊密的關係，因此在他們對宗教的態度裡，總想要求某種和一點兒魔力性的玩藝兒，希望在現實上能夠見效的東西。這一來，所謂密教性的內容，包括咒術、咒言和咒句等，凡具有這些神秘性要素的儀禮，就逐漸濃厚地滲透進來了。

結果，大乘佛經就談些真言陀羅尼，或附加這方面的內容，且為數漸漸增多了。現在最暢通的『法華經』、『般若心經』都不例外。真言即是 **Mantra** 這個字的譯語，原來是婆羅教舉行祭儀所採用的咒。它有下列三種：

(1)由毫無意義的字所組成者。(2)由有意義的字與無意義的字混合組成者。(3)幾乎由有意義的字所組成者。

還有陀羅尼原是 **dhāraṇi** 字，專心於一件事，意謂修行要專心一意（這跟印度瑜伽頗有關係）。它跟一般所謂總持，或三昧屬於同一類用字。這是把經典內容縮成短字，又將音聲凝結，想盡量以其一音、一句或一文來代替整部經典。而這跟大乘佛經的誦讀信仰並列，讓信眾認為誦讀陀羅尼也一樣功德無量，不亞於誦經，故有所謂念經持咒，功德很大。後代信徒就從這些經典中抄出陀羅尼來獨立誦讀。結果變成單獨的文章、句子和字體，並結合成咒。紀元四世紀左右，出現單獨的真言陀羅尼經典，例如『孔雀王咒經』、『護諸童子陀羅尼經』等。內容說：誦讀這些陀羅尼，聚集心念，就能除去各種災害，在現實上的願望亦能達到，在誦讀中會出現諸尊，故要供養諸尊。同時，後來也逐漸規定怎樣誦讀和供養的規矩了。

所謂密教，原來意謂秘密佛教也，旨在對抗前面所講的顯教。所以，密教就是依據那個範圍的獨特規則，誦念真言與陀羅尼，歡迎諸尊，而進入一種狂喜狀態，如醉如癡。

依據它的規則是，先建造一座方形或圓形的土壇，把諸尊迎接來此，而舉行安置祭祀（宗教儀禮）。這座土壇叫做曼陀羅（maṇḍala）。後來，將本佛——大日如來放在中間，諸尊分列周邊的圖畫，似乎也叫曼陀羅了。因為這可說是一種諸神聚會，所以屬於一種符號或象徵；總之，這是參與祭祀這組神秘幻想所編造出來的。又有一種將曼陀羅放在前邊，點著火（護摩）來增加神秘性，這個也許來自於印度教。由此可見，供養法、觀佛法、結果作壇法，以及降雨法、止雨法（對印度這個農業國家來說，適度雨量最為重要）等紛紛出爐，且逐漸精緻化了。當然，醫病的祈願與咒術性醫療等也層出不窮，這方面的經典亦隨之而來了。

密教的本宗即是根本的佛（不是釋迦佛）——大日如來，綽號叫做大盧毘舍那佛（Mahāvairocana Buddha）。環繞在大日如來周邊者有觀音和普賢等諸尊在鎮座。這些諸尊都有不少印契。印契（mudra 印相），是某種形式的姿勢，藉此示佛、菩薩、諸天的內證和本尊，尤其相互交纏手指叫做印。後來，都靠這種印來表示真實世界的一切現象與事物，例如瑜伽行者手持蓮華、劍、金剛杵，甚至禮拜對象的佛像，也似乎稱作印契。

密教的開山祖師被認為是龍猛（Nāgārjuna 六〇〇年左右），但仍有不少疑問。中期～後期的一部份大乘佛教徒，專心研究古老學術佛教，但密教的現實主義與實踐特性，卻能在實際上引導許多人進入神秘世界，在現實上給予一種宗教的狂歡，再替他們除災防害，授予利益，所以，聲勢發展迅速。例如，中國僧侶義淨曾在六七三～六八五年到印度遊學，昔日大小乘中心的那爛陀寺，竟然成了密教的根本道場。

其間，編輯多種小型的密教經典，到七世紀中葉左右，在那爛陀寺和印度西南出現『大日經』，七世紀末期又在印度東南出現『金剛頂經』，由於這兩本根本聖典的出現，無異形成了密教的最盛期。

『大日經』在公元七一六年由一位出身印度王族的善無畏（Śubhakarāsiṃha 六三七～七三五年）帶來長安漢譯，由一行（六八三～七二七年）擔任記錄。雖然梵文經典尚未見到，但一部份因被其他書籍所引用，才讓世人有機會知道，它也有藏譯本。第一章「住心品」有三句話：「以菩提心為因，大悲為根，方便為究竟」，透過這套實踐，便能得到絕對的智慧。曼陀羅就是依據這個描畫出來，叫做大悲胎藏界曼陀羅，也簡稱胎藏界曼陀羅。它表示理——絕對界，利用大悲將眾生救出這個絕對境，而胎藏界曼陀羅就是表示這種方便也。

『金剛頂經』有三本漢譯，通常叫做不空譯三卷本，因為不空（Amoghavajra 七〇五～七七四年）繼承印度王族的系統。金剛頂部的經典有十八部（十八會），擁有十萬頌的份量，上述那本屬於其中第一部（初會）經典的最初的部份譯本。其他漢譯有宋代施護（Dānapāla 九八〇年前後來中國）所譯三十卷本，這跟現存梵文本、藏譯本大體一致。『金剛頂經』的內容是，以瑜伽為中心的一大體系的秘義，唯識派的理論是它的背景。經上所說的金剛界曼陀羅，不外是依賴大毘盧舍那佛的五段教法——五相成身觀，將眾生得到的理想正覺境界表現出來的東西。胎藏界曼陀羅是理的曼陀羅，反之，金剛界曼陀羅叫做智的曼陀羅（密教則更進一步，但傳到中、日兩國的密教大體上到此為止，它以真言宗的面貌在日本發展。還有日本的諸宗派參雜鎌倉時代的新佛教，以某種形狀變成密教性的東西，隨同教團發展起來）。

密教自動取名『金剛乘』（Vajrayāna），因為金剛就是鑽石，非常堅固，有不壞的特性，在寶石中身價最高，所以也有這種含義。或者雷霆神帝釋天也以金剛杵為武器，據說它譬喻雷擊天地，才手持金剛杵也。

誠如上述，密教是在一種所謂閉鎖的秘密範圍內形成的，所以，它的儀式相當複雜。信徒必須向師父（阿闍梨）學習，接受他的教誨。經過頭上浴水的灌頂、拿著各式各樣的道具，參與秘密儀式。

密教的特徵有好幾種，但以下三類特別重要。

第一，它有一種秘儀的特性，開始要念諸佛諸尊諸天，唱誦真言陀羅尼和燒火等，參加這種秘儀之後，才能沐浴在宗教的狂歡，或陶醉在神秘的世界裏。他們說，這樣可讓人當場留住如來藏與佛性，也就是即身成佛。在此不要求信徒實踐六波羅蜜，和許多戒律的遵守。參加這種秘儀，可以當場成佛，享受現在的幸福。這一來，舉凡人的煩惱和情慾不必克服與壓抑，反而應該得到尊重。但是，愛慾必須提升到慈悲對待一切眾生的程度。

這樣大膽地肯定煩惱，是跟當時的迷信妥協與結合，才有可能引導戀愛的儀禮。八世紀有一部份密教徒由於禮讚男女性愛，就更視這種狀況為理所當然；可在這種狂歡裏看到了即身成佛。所謂左道密教就屬於這一群，又叫坦特拉佛教。因為它們吸收印度教的性力崇拜而形成的，九世紀以後特別盛行。

第二，除了大日如來的本尊以外，密教還祭祀極多的諸佛諸尊，連佛教不曾提到的多位明王，佛教外的諸神（天）、鬼神、神將、諸聖者也都恭請進來，將他們看作大日如來的權化。也以大日如來的外護者姿態，在此編造一幅大型曼陀羅。換句話說，其間描畫出一個宇宙——結合宏觀與微觀為一體，靠直觀來領悟這個宇宙形象。

第三，這個宇宙曼陀羅不是理論與抽象的，而是具體與現實的，以象徵方式表現於藝術上面。結果，所編造的繪畫、圖表、雕像、音樂等，便促使這方面的視覺或聽覺的藝術得以發展起來。就某種意義來說，密教雖然不脫離密教的本色，但也能稱為表現主義。例如，曼陀羅的傑出繪畫、雕刻有印契的美觀諸尊。這些不但含有深刻的神秘特性，也從他們的教理（一言以蔽之，即身成佛）中務實地表現一種肯定現實的精神。印度、中國、日本和東南亞的大部份佛教藝術也都跟密教有關連，就這方面來說，密教的確功不可沒。

後來，密教的最終階段出現一種原初佛的信仰，顯然，這是受到印度教、伊朗或回教有神論的影響而產生的，堪稱某種世界性原因。這種信仰在印度盛行之後，又傳到尼泊爾和西藏了。

左道密教的變形是以 **Sahajayāna, sahajiyā** 的姿態出現，這個字是「天生」、「與生俱有」的意思，他們主張覺悟是人類與生俱有的，因為很肯定人性的原貌，故有俗話——阿帕普朗夏語，和貝加爾語等作品留下來。

回教入侵，密教受到影響，便成立一種時輪的性力崇拜。他們把迷惑的現實生活譬喻為時間的車輪，透過原初佛的信仰，企圖從迷惑世界中離開。可惜，這方面的研究尚未開展，故詳情還不明白。

本來，宗教這種東西是建立在人類的信賴上，至於信賴也不是光靠承認與容忍可以得到的。果真那樣，那就既非宗教，也不是思想。它一定要在某種形式上通過否定，大大地否定，而且才能肯定。倘若不經過這樣的過程，光是原原本本地注意現實，隨著本能的說法，為所欲為的行動表現，那麼，以宗教姿態現身就非墮落不可了。

因此，密教在現實上表現迎合民眾昀姿態，就逐漸失去宗教性，且增多印度教的要素，結果反而被印度教吸收進去。盛行一時的密教，僅僅風光一陣子，終究凋落下去，實在可惜。這個就成了佛教的最後形狀。

以上再三敘述密教具有十分現世的特色，所以跟政治結合密切。尤其得到古普達王朝、帕拉瓦王朝、帕勒王朝等幾個王朝的庇護，其間，帕勒王朝控制貝加爾與歐利莎（印度東部）地區，那位最初和最大的果帕拉王（七七〇年左右即位）曾在恆河建造一座壯觀的維庫拉瑪西拉寺，其下又有一〇八所寺廟，別說分佈在全印度，連西藏、尼泊爾、中國、爪哇、司馬特拉等地都有僧人來此留學。

帕勒王朝大概持續在四世紀期間，滅亡於一一九九年。之後，那座維庫拉瑪西拉寺就被回教軍隊在一二〇三年徹底破壞，僅剩下一點兒遺跡，財產也紛紛被強奪，比丘和比丘尼也被殺害了。

由於破壞很徹底，致使現在連那座寺院的地點也確認不出來。那爛陀寺及其他佛教寺院也在同時遭受同樣的命運，即寺院被徹底破壞，佛教徒慘遭殺害，真是一件大悲劇，致使印度佛教的傳統從此宣告結束了。

大展出版社有限公司　圖書目錄

地址：台北市北投區(石牌)
致遠一路二段 12 巷 1 號
郵撥：0166955～1

電話：(02)28236031
28236033
傳真：(02)28272069

・法律專欄連載・電腦編號 58

台大法學院　法律學系／策劃
法律服務社／編著

1. 別讓您的權利睡著了 1　200 元
2. 別讓您的權利睡著了 2　200 元

・秘傳占卜系列・電腦編號 14

1.	手相術	淺野八郎著	180 元
2.	人相術	淺野八郎著	150 元
3.	西洋占星術	淺野八郎著	180 元
4.	中國神奇占卜	淺野八郎著	150 元
5.	夢判斷	淺野八郎著	150 元
6.	前世、來世占卜	淺野八郎著	150 元
7.	法國式血型學	淺野八郎著	150 元
8.	靈感、符咒學	淺野八郎著	150 元
9.	紙牌占卜學	淺野八郎著	150 元
10.	ESP 超能力占卜	淺野八郎著	150 元
11.	猶太數的秘術	淺野八郎著	150 元
12.	新心理測驗	淺野八郎著	160 元
13.	塔羅牌預言秘法	淺野八郎著	200 元

・趣味心理講座・電腦編號 15

1.	性格測驗① 探索男與女	淺野八郎著	140 元
2.	性格測驗② 透視人心奧秘	淺野八郎著	140 元
3.	性格測驗③ 發現陌生的自己	淺野八郎著	140 元
4.	性格測驗④ 發現你的真面目	淺野八郎著	140 元
5.	性格測驗⑤ 讓你們吃驚	淺野八郎著	140 元
6.	性格測驗⑥ 洞穿心理盲點	淺野八郎著	140 元
7.	性格測驗⑦ 探索對方心理	淺野八郎著	140 元
8.	性格測驗⑧ 由吃認識自己	淺野八郎著	160 元
9.	性格測驗⑨ 戀愛知多少	淺野八郎著	160 元
10.	性格測驗⑩ 由裝扮瞭解人心	淺野八郎著	160 元

11.	性格測驗⑪ 敲開內心玄機	淺野八郎著	140元
12.	性格測驗⑫ 透視你的未來	淺野八郎著	160元
13.	血型與你的一生	淺野八郎著	160元
14.	趣味推理遊戲	淺野八郎著	160元
15.	行為語言解析	淺野八郎著	160元

·婦 幼 天 地· 電腦編號 16

1.	八萬人減肥成果	黃靜香譯	180元
2.	三分鐘減肥體操	楊鴻儒譯	150元
3.	窈窕淑女美髮秘訣	柯素娥譯	130元
4.	使妳更迷人	成　玉譯	130元
5.	女性的更年期	官舒妍編譯	160元
6.	胎內育兒法	李玉瓊編譯	150元
7.	早產兒袋鼠式護理	唐岱蘭譯	200元
8.	初次懷孕與生產	婦幼天地編譯組	180元
9.	初次育兒12個月	婦幼天地編譯組	180元
10.	斷乳食與幼兒食	婦幼天地編譯組	180元
11.	培養幼兒能力與性向	婦幼天地編譯組	180元
12.	培養幼兒創造力的玩具與遊戲	婦幼天地編譯組	180元
13.	幼兒的症狀與疾病	婦幼天地編譯組	180元
14.	腿部苗條健美法	婦幼天地編譯組	180元
15.	女性腰痛別忽視	婦幼天地編譯組	150元
16.	舒展身心體操術	李玉瓊編譯	130元
17.	三分鐘臉部體操	趙薇妮著	160元
18.	生動的笑容表情術	趙薇妮著	160元
19.	心曠神怡減肥法	川津祐介著	130元
20.	內衣使妳更美麗	陳玄茹譯	130元
21.	瑜伽美姿美容	黃靜香編著	180元
22.	高雅女性裝扮學	陳珮玲譯	180元
23.	蠶糞肌膚美顏法	坂梨秀子著	160元
24.	認識妳的身體	李玉瓊譯	160元
25.	產後恢復苗條體態	居理安·芙萊喬著	200元
26.	正確護髮美容法	山崎伊久江著	180元
27.	安琪拉美姿養生學	安琪拉蘭斯博瑞著	180元
28.	女體性醫學剖析	增田豐著	220元
29.	懷孕與生產剖析	岡部綾子著	180元
30.	斷奶後的健康育兒	東城百合子著	220元
31.	引出孩子幹勁的責罵藝術	多湖輝著	170元
32.	培養孩子獨立的藝術	多湖輝著	170元
33.	子宮肌瘤與卵巢囊腫	陳秀琳編著	180元
34.	下半身減肥法	納他夏·史達賓著	180元
35.	女性自然美容法	吳雅菁編著	180元
36.	再也不發胖	池園悅太郎著	170元

37. 生男生女控制術	中垣勝裕著	220 元
38. 使妳的肌膚更亮麗	楊　皓編著	170 元
39. 臉部輪廓變美	芝崎義夫著	180 元
40. 斑點、皺紋自己治療	高須克彌著	180 元
41. 面皰自己治療	伊藤雄康著	180 元
42. 隨心所欲瘦身冥想法	原久子著	180 元
43. 胎兒革命	鈴木丈織著	180 元
44. NS 磁氣平衡法塑造窈窕奇蹟	古屋和江著	180 元
45. 享瘦從腳開始	山田陽子著	180 元
46. 小改變瘦 4 公斤	宮本裕子著	180 元
47. 軟管減肥瘦身	高橋輝男著	180 元
48. 海藻精神秘美容法	劉名揚編著	180 元
49. 肌膚保養與脫毛	鈴木真理著	180 元
50. 10 天減肥 3 公斤	彤雲編輯組	180 元
51. 穿出自己的品味	西村玲子著	280 元

・青 春 天 地・電腦編號 17

1. A 血型與星座	柯素娥編譯	160 元
2. B 血型與星座	柯素娥編譯	160 元
3. O 血型與星座	柯素娥編譯	160 元
4. AB 血型與星座	柯素娥編譯	120 元
5. 青春期性教室	呂貴嵐編譯	130 元
6. 事半功倍讀書法	王毅希編譯	150 元
7. 難解數學破題	宋釗宜編譯	130 元
9. 小論文寫作秘訣	林顯茂編譯	120 元
11. 中學生野外遊戲	熊谷康編著	120 元
12. 恐怖極短篇	柯素娥編譯	130 元
13. 恐怖夜話	小毛驢編譯	130 元
14. 恐怖幽默短篇	小毛驢編譯	120 元
15. 黑色幽默短篇	小毛驢編譯	120 元
16. 靈異怪談	小毛驢編譯	130 元
17. 錯覺遊戲	小毛驢編著	130 元
18. 整人遊戲	小毛驢編著	150 元
19. 有趣的超常識	柯素娥編譯	130 元
20. 哦！原來如此	林慶旺編譯	130 元
21. 趣味競賽 100 種	劉名揚編譯	120 元
22. 數學謎題入門	宋釗宜編譯	150 元
23. 數學謎題解析	宋釗宜編譯	150 元
24. 透視男女心理	林慶旺編譯	120 元
25. 少女情懷的自白	李桂蘭編譯	120 元
26. 由兄弟姊妹看命運	李玉瓊編譯	130 元
27. 趣味的科學魔術	林慶旺編譯	150 元
28. 趣味的心理實驗室	李燕玲編譯	150 元

29. 愛與性心理測驗	小毛驢編譯	130元
30. 刑案推理解謎	小毛驢編譯	130元
31. 偵探常識推理	小毛驢編譯	130元
32. 偵探常識解謎	小毛驢編譯	130元
33. 偵探推理遊戲	小毛驢編譯	130元
34. 趣味的超魔術	廖玉山編著	150元
35. 趣味的珍奇發明	柯素娥編著	150元
36. 登山用具與技巧	陳瑞菊編著	150元
37. 性的漫談	蘇燕謀編著	180元
38. 無的漫談	蘇燕謀編著	180元
39. 黑色漫談	蘇燕謀編著	180元
40. 白色漫談	蘇燕謀編著	180元

・健康天地・電腦編號 18

1. 壓力的預防與治療	柯素娥編譯	130元
2. 超科學氣的魔力	柯素娥編譯	130元
3. 尿療法治病的神奇	中尾良一著	130元
4. 鐵證如山的尿療法奇蹟	廖玉山譯	120元
5. 一日斷食健康法	葉慈容編譯	150元
6. 胃部強健法	陳炳崑譯	120元
7. 癌症早期檢查法	廖松濤譯	160元
8. 老人痴呆症防止法	柯素娥編譯	130元
9. 松葉汁健康飲料	陳麗芬編譯	130元
10. 揉肚臍健康法	永井秋夫著	150元
11. 過勞死、猝死的預防	卓秀貞編譯	130元
12. 高血壓治療與飲食	藤山順豐著	150元
13. 老人看護指南	柯素娥編譯	150元
14. 美容外科淺談	楊啟宏著	150元
15. 美容外科新境界	楊啟宏著	150元
16. 鹽是天然的醫生	西英司郎著	140元
17. 年輕十歲不是夢	梁瑞麟譯	200元
18. 茶料理治百病	桑野和民著	180元
19. 綠茶治病寶典	桑野和民著	150元
20. 杜仲茶養顏減肥法	西田博著	150元
21. 蜂膠驚人療效	瀨長良三郎著	180元
22. 蜂膠治百病	瀨長良三郎著	180元
23. 醫藥與生活(一)	鄭炳全著	180元
24. 鈣長生寶典	落合敏著	180元
25. 大蒜長生寶典	木下繁太郎著	160元
26. 居家自我健康檢查	石川恭三著	160元
27. 永恆的健康人生	李秀鈴譯	200元
28. 大豆卵磷脂長生寶典	劉雪卿譯	150元
29. 芳香療法	梁艾琳譯	160元

30. 醋長生寶典	柯素娥譯	180 元
31. 從星座透視健康	席拉・吉蒂斯著	180 元
32. 愉悅自在保健學	野本二士夫著	160 元
33. 裸睡健康法	丸山淳士等著	160 元
34. 糖尿病預防與治療	藤田順豐著	180 元
35. 維他命長生寶典	菅原明子著	180 元
36. 維他命 C 新效果	鐘文訓編	150 元
37. 手、腳病理按摩	堤芳朗著	160 元
38. AIDS 瞭解與預防	彼得塔歇爾著	180 元
39. 甲殼質殼聚糖健康法	沈永嘉譯	160 元
40. 神經痛預防與治療	木下真男著	160 元
41. 室內身體鍛鍊法	陳炳崑編著	160 元
42. 吃出健康藥膳	劉大器編著	180 元
43. 自我指壓術	蘇燕謀編著	160 元
44. 紅蘿蔔汁斷食療法	李玉瓊編著	150 元
45. 洗心術健康秘法	竺翠萍編譯	170 元
46. 枇杷葉健康療法	柯素娥編譯	180 元
47. 抗衰血癒	楊啟宏著	180 元
48. 與癌搏鬥記	逸見政孝著	180 元
49. 冬蟲夏草長生寶典	高橋義博著	170 元
50. 痔瘡・大腸疾病先端療法	宮島伸宜著	180 元
51. 膠布治癒頑固慢性病	加瀨建造著	180 元
52. 芝麻神奇健康法	小林貞作著	170 元
53. 香煙能防止癡呆？	高田明和著	180 元
54. 穀菜食治癌療法	佐藤成志著	180 元
55. 貼藥健康法	松原英多著	180 元
56. 克服癌症調和道呼吸法	帶津良一著	180 元
57. B 型肝炎預防與治療	野村喜重郎著	180 元
58. 青春永駐養生導引術	早島正雄著	180 元
59. 改變呼吸法創造健康	原久子著	180 元
60. 荷爾蒙平衡養生秘訣	出村博著	180 元
61. 水美肌健康法	井戶勝富著	170 元
62. 認識食物掌握健康	廖梅珠編著	170 元
63. 痛風劇痛消除法	鈴木吉彥著	180 元
64. 酸莖菌驚人療效	上田明彥著	180 元
65. 大豆卵磷脂治現代病	神津健一著	200 元
66. 時辰療法—危險時刻凌晨 4 時	呂建強等著	180 元
67. 自然治癒力提升法	帶津良一著	180 元
68. 巧妙的氣保健法	藤平墨子著	180 元
69. 治癒 C 型肝炎	熊田博光著	180 元
70. 肝臟病預防與治療	劉名揚編著	180 元
71. 腰痛平衡療法	荒井政信著	180 元
72. 根治多汗症、狐臭	稻葉益巳著	220 元
73. 40 歲以後的骨質疏鬆症	沈永嘉譯	180 元

74. 認識中藥　松下一成著　180元
75. 認識氣的科學　佐佐木茂美著　180元
76. 我戰勝了癌症　安田伸著　180元
77. 斑點是身心的危險信號　中野進著　180元
78. 艾波拉病毒大震撼　玉川重德著　180元
79. 重新還我黑髮　桑名隆一郎著　180元
80. 身體節律與健康　林博史著　180元
81. 生薑治萬病　石原結實著　180元
82. 靈芝治百病　陳瑞東著　180元
83. 木炭驚人的威力　大槻彰著　200元
84. 認識活性氧　井土貴司著　180元
85. 深海鮫治百病　廖玉山編著　180元
86. 神奇的蜂王乳　井上丹治著　180元
87. 卡拉 OK 健腦法　東潔著　180元
88. 卡拉 OK 健康法　福田伴男著　180元
89. 醫藥與生活(二)　鄭炳全著　200元
90. 洋蔥治百病　宮尾興平著　180元
91. 年輕 10 歲快步健康法　石塚忠雄著　180元
92. 石榴的驚人神效　岡本順子著　180元
93. 飲料健康法　白鳥早奈英著　180元
94. 健康棒體操　劉名揚編譯　180元
95. 催眠健康法　蕭京凌編著　180元

・實用女性學講座・電腦編號 19

1. 解讀女性內心世界　島田一男著　150元
2. 塑造成熟的女性　島田一男著　150元
3. 女性整體裝扮學　黃靜香編著　180元
4. 女性應對禮儀　黃靜香編著　180元
5. 女性婚前必修　小野十傳著　200元
6. 徹底瞭解女人　田口二州著　180元
7. 拆穿女性謊言 88 招　島田一男著　200元
8. 解讀女人心　島田一男著　200元
9. 俘獲女性絕招　志賀貢著　200元
10. 愛情的壓力解套　中村理英子著　200元
11. 妳是人見人愛的女孩　廖松濤編著　200元

・校園系列・電腦編號 20

1. 讀書集中術　多湖輝著　150元
2. 應考的訣竅　多湖輝著　150元
3. 輕鬆讀書贏得聯考　多湖輝著　150元
4. 讀書記憶秘訣　多湖輝著　150元

5.	視力恢復！超速讀術	江錦雲譯	180 元
6.	讀書 36 計	黃柏松編著	180 元
7.	驚人的速讀術	鐘文訓編著	170 元
8.	學生課業輔導良方	多湖輝著	180 元
9.	超速讀超記憶法	廖松濤編著	180 元
10.	速算解題技巧	宋釗宜編著	200 元
11.	看圖學英文	陳炳崑編著	200 元
12.	讓孩子最喜歡數學	沈永嘉譯	180 元
13.	催眠記憶術	林碧清譯	180 元

・實用心理學講座・電腦編號 21

1.	拆穿欺騙伎倆	多湖輝著	140 元
2.	創造好構想	多湖輝著	140 元
3.	面對面心理術	多湖輝著	160 元
4.	偽裝心理術	多湖輝著	140 元
5.	透視人性弱點	多湖輝著	140 元
6.	自我表現術	多湖輝著	180 元
7.	不可思議的人性心理	多湖輝著	180 元
8.	催眠術入門	多湖輝著	150 元
9.	責罵部屬的藝術	多湖輝著	150 元
10.	精神力	多湖輝著	150 元
11.	厚黑說服術	多湖輝著	150 元
12.	集中力	多湖輝著	150 元
13.	構想力	多湖輝著	150 元
14.	深層心理術	多湖輝著	160 元
15.	深層語言術	多湖輝著	160 元
16.	深層說服術	多湖輝著	180 元
17.	掌握潛在心理	多湖輝著	160 元
18.	洞悉心理陷阱	多湖輝著	180 元
19.	解讀金錢心理	多湖輝著	180 元
20.	拆穿語言圈套	多湖輝著	180 元
21.	語言的內心玄機	多湖輝著	180 元
22.	積極力	多湖輝著	180 元

・超現實心理講座・電腦編號 22

1.	超意識覺醒法	詹蔚芬編譯	130 元
2.	護摩秘法與人生	劉名揚編譯	130 元
3.	秘法！超級仙術入門	陸明譯	150 元
4.	給地球人的訊息	柯素娥編著	150 元
5.	密教的神通力	劉名揚編著	130 元
6.	神秘奇妙的世界	平川陽一著	200 元

7. 地球文明的超革命	吳秋嬌譯	200元
8. 力量石的秘密	吳秋嬌譯	180元
9. 超能力的靈異世界	馬小莉譯	200元
10. 逃離地球毀滅的命運	吳秋嬌譯	200元
11. 宇宙與地球終結之謎	南山宏著	200元
12. 驚世奇功揭秘	傅起鳳著	200元
13. 啟發身心潛力心象訓練法	栗田昌裕著	180元
14. 仙道術遁甲法	高藤聰一郎著	220元
15. 神通力的秘密	中岡俊哉著	180元
16. 仙人成仙術	高藤聰一郎著	200元
17. 仙道符咒氣功法	高藤聰一郎著	220元
18. 仙道風水術尋龍法	高藤聰一郎著	200元
19. 仙道奇蹟超幻像	高藤聰一郎著	200元
20. 仙道鍊金術房中法	高藤聰一郎著	200元
21. 奇蹟超醫療治癒難病	深野一幸著	220元
22. 揭開月球的神秘力量	超科學研究會	180元
23. 西藏密教奧義	高藤聰一郎著	250元
24. 改變你的夢術入門	高藤聰一郎著	250元

・養 生 保 健・電腦編號 23

1. 醫療養生氣功	黃孝寬著	250元
2. 中國氣功圖譜	余功保著	230元
3. 少林醫療氣功精粹	井玉蘭著	250元
4. 龍形實用氣功	吳大才等著	220元
5. 魚戲增視強身氣功	宮　嬰著	220元
6. 嚴新氣功	前新培金著	250元
7. 道家玄牝氣功	張　章著	200元
8. 仙家秘傳袪病功	李遠國著	160元
9. 少林十大健身功	秦慶豐著	180元
10. 中國自控氣功	張明武著	250元
11. 醫療防癌氣功	黃孝寬著	250元
12. 醫療強身氣功	黃孝寬著	250元
13. 醫療點穴氣功	黃孝寬著	250元
14. 中國八卦如意功	趙維漢著	180元
15. 正宗馬禮堂養氣功	馬禮堂著	420元
16. 秘傳道家筋經內丹功	王慶餘著	280元
17. 三元開慧功	辛桂林著	250元
18. 防癌治癌新氣功	郭　林著	180元
19. 禪定與佛家氣功修煉	劉天君著	200元
20. 顛倒之術	梅自強著	360元
21. 簡明氣功辭典	吳家駿編	360元
22. 八卦三合功	張全亮著	230元
23. 朱砂掌健身養生功	楊永著	250元

24. 抗老功	陳九鶴著	230 元
25. 意氣按穴排濁自療法	黃啟運編著	250 元
26. 陳式太極拳養生功	陳正雷著	200 元
27. 健身祛病小功法	王培生著	200 元

・社會人智囊・電腦編號 24

1. 糾紛談判術	清水增三著	160 元
2. 創造關鍵術	淺野八郎著	150 元
3. 觀人術	淺野八郎著	180 元
4. 應急詭辯術	廖英迪編著	160 元
5. 天才家學習術	木原武一著	160 元
6. 貓型狗式鑑人術	淺野八郎著	180 元
7. 逆轉運掌握術	淺野八郎著	180 元
8. 人際圓融術	澀谷昌三著	160 元
9. 解讀人心術	淺野八郎著	180 元
10. 與上司水乳交融術	秋元隆司著	180 元
11. 男女心態定律	小田晉著	180 元
12. 幽默說話術	林振輝編著	200 元
13. 人能信賴幾分	淺野八郎著	180 元
14. 我一定能成功	李玉瓊譯	180 元
15. 獻給青年的嘉言	陳蒼杰譯	180 元
16. 知人、知面、知其心	林振輝編著	180 元
17. 塑造堅強的個性	坂上肇著	180 元
18. 為自己而活	佐藤綾子著	180 元
19. 未來十年與愉快生活有約	船井幸雄著	180 元
20. 超級銷售話術	杜秀卿譯	180 元
21. 感性培育術	黃靜香編著	180 元
22. 公司新鮮人的禮儀規範	蔡媛惠譯	180 元
23. 傑出職員鍛鍊術	佐佐木正著	180 元
24. 面談獲勝戰略	李芳黛譯	180 元
25. 金玉良言撼人心	森純大著	180 元
26. 男女幽默趣典	劉華亭編著	180 元
27. 機智說話術	劉華亭編著	180 元
28. 心理諮商室	柯素娥譯	180 元
29. 如何在公司崢嶸頭角	佐佐木正著	180 元
30. 機智應對術	李玉瓊編著	200 元
31. 克服低潮良方	坂野雄二著	180 元
32. 智慧型說話技巧	沈永嘉編著	180 元
33. 記憶力、集中力增進術	廖松濤編著	180 元
34. 女職員培育術	林慶旺編著	180 元
35. 自我介紹與社交禮儀	柯素娥編著	180 元
36. 積極生活創幸福	田中真澄著	180 元
37. 妙點子超構想	多湖輝著	180 元

國家圖書館出版品預行編目資料

印度佛教思想史／三枝充悳著，劉欣如譯
－初版－臺北市，大展，民 87
面；21 公分－（心靈雅集；59）
譯自：インド仏教思想史
ISBN 957-557-856-2（平裝）
1. 佛教—哲學，原理—印度
220.91　　87010631

印度佛教思想史　ISBN 957-557-856-2

監 著 者／三 枝 充 悳
編 譯 者／劉　欣　如
發 行 人／蔡　森　明
出 版 者／大展出版社有限公司
社　　址／台北市北投區（石牌）致遠一路 2 段 12 巷 1 號
電　　話／(02) 28236031・28236033
傳　　真／(02) 28272069
郵政劃撥／0166955—1
登 記 證／局版臺業字第 2171 號
承 印 者／高星企業有限公司
裝　　訂／日新裝訂所
排 版 者／千兵企業有限公司
電　　話／(02) 28812643
初版 1 刷／1998 年（民 87 年） 9 月

定　　價／200 元

大展好書 好書大展

大展好書 好書大展